Dieter Korczak (Hg.)

Das Fremde, das Eigene und die Toleranz

Dieter Korczak (Hg.)

Das Fremde, das Eigene und die Toleranz

Asanger Verlag • Kröning

Über den Herausgeber

Dieter Korczak hat in Köln Soziologie, Sozialpsychologie, Finanzwissenschaften und Volkswirtschaft studiert und bei dem Kölner Soziologen René König promoviert. Seit über zehn Jahren ist er 1. Vorsitzender der Interdisziplinären Studiengesellschaft e.V. und verantwortlich für die Edition der Interdisziplinären Schriftenreihe. Er lebt und arbeitet in München und leitet dort ein sozialwissenschaftliches Forschungsinstitut. Zuletzt sind von ihm im Asanger-Verlag herausgegeben worden:

2008 Die Macht der Träume
2007 Zukunftspotentiale der Nanotechnologien (mit Anton Lerf)
2006 Geld und andere Leidenschaften
2005 Wieviel Manipulation verträgt der Mensch

Titelbild: Herwig Steiner "Attrappe" (Mischtechnik / Collage auf Platte 2006)

Umschlaggestaltung:
liveo grafikdesign, Angelika Krikava, info@liveo.de, www.liveo.de

Satz und Layout:
Gerlinde Steinhauser

Druck:
xPrint s.r.o., Czech Republic

Bibliographische Informationen der Deutschen Nationalbibliothek:
Die Deutsche Nationalbibliothek verzeichnet diese Publikation in der Deutschen Nationalbibliographie; detaillierte bibliographische Daten sind im Internet über http://dnb.d-nb.de abrufbar.

ISBN 978-3-89334-541-0

Wir danken der Deutschen Bank Krefeld
für die finanzielle Unterstützung beim Druck dieses Bandes

Text von Herwig Steiner zum Titelbild "Attrappe"

Attrappe allgemein: als verschärfte Form der Kulisse, bei der, im Gegensatz zu dieser, dem Publikum die Intention der Täuschung nicht durch Konventionalisierung – die Gleichzeitigkeit von Aktivierung ihrer Eigenschaften und dem Wissen um ihre Beschaffenheit – gewährt wird. In Bezugnahme auf das möglich Erkennbare appelliert die bewußte Konstruktion der Attrappe heimtückisch an das Wissen des Betrachters, seine Erwartung und situative Intention. Sie stellt ab auf Erkennbarkeit und Zuordenbarkeit im Konventionalen und strukturiert so den Wahrnehmungs- und Benennungsprozeß der äußeren Erscheinung des Bekannten. Das Manöver der Täuschung evoziert die reine "Eigenleistung" des Bewußtseins im kategorialen Verarbeitungsprozeß und läßt so das jeweilig zugeordnete Wissen gewinnen, zeigt den Status der Konstruktion als eigene kreative Struktur. Näher besehen läßt es die komplexen, unüberschaubaren und in gewisser Weise arbiträren Beziehungen zwischen Objekt, Vorstellungs-Bild, Begriff und Wissen erahnen und die zeitökonomische Wahrnehmungspraxis des Vorurteils. Dieses so gewonnene Zugeordnete (Reflexionsfunktion) ist nicht weiter zerlegbar, ohne daß damit das dadurch neu Gewonnene, zumindest teilweise, in denselben Status der Projektion zurückfällt. Als subversive Methode bewirkt die Attrappe jedoch die Verhinderung didaktischer Verdeckung, läßt Wahrnehmungs- und Vereinnahmungsprozesse der Denkstruktur des Betrachters entstehen, beobachten und darstellen, wird damit den unendlichen und den letztlich metaphysischen Sinnvoraussetzungen der Bewußtseinsbewegungen gerecht. [...]

http://oe1.orf.at/highlights/70358.html

http://www.contemporary-magazines.com/profile58_6.htm

Zu Herwig Steiner siehe Seite 158

INHALT

Vorwort

Wir sind von dem Fremden, auch dem Fremden in uns selbst, fasziniert und gleichzeitig geängstigt. Wissenschaftler haben für die Furcht vor dem Fremden den Begriff der „Xenophobie" geprägt. Die Xenophobie, die immer wieder von rechtspopulistischen Parteien, vor allem in Wahlkämpfen, geschürt wird, steht in einem merkwürdigen Widerspruch zu Reiselust und Massentourismus, zum globalen Handel, zur weltweit umspannenden Verwendung des Internets und dem selbstverständlichen Genuss „ausländischer" Speisen.

Noch Anfang des 20. Jahrhunderts war Reisen beschwerlich, langwierig und nicht selten abenteuerlich. Heute benötigt man nicht mehr 80 Tage für eine Reise um die Welt, sondern kann das von Deutschland aus in wenigen Tagen mit Zwischenstopps in Singapur, Sydney, Montreal bewältigen. Auch die Omnipräsenz der Medien, vor allem Fernsehen und Internet, suggeriert, dass alles über jeden Winkel der Erde bekannt ist. Nüchtern betrachtet sind dies jedoch Informationen aus zweiter Hand, zumeist sogar nur vermarktungsgerechte homogenisierte, pasteurisierte und kondensierte Mitteilungen aus dritter und vierter Hand. Medien tragen daher auch in besonderer Weise zur Verbreitung von Fremdbildern und Stereotypen bei, da sie Themen zuspitzen und verkürzen.

Reisen und Medien sind herausgehobene Beispiele für den Umgang mit Fremdem. Durch sie kann das Fremde dem Eigenen vermittelt werden und zur Veränderung des Alltäglichen führen wie andererseits die Fülle von Neuem, Fremdem, Anderem das eigene Selbst verunsichern, beängstigen und Abwehrreaktionen provozieren kann. In der Sozialpsychologie ist herausgearbeitet worden, dass ein möglichst negativ konstruiertes Fremdbild zur Stärkung des Selbstbildes und der Gruppenzugehörigkeit dient. Denn Selbstbilder haben auch immer etwas mit Wunschbildern zu tun. Zu Vorurteilen verfestigte Fremdbilder verhindern den Perspektivenwechsel und ersparen die Auseinandersetzung mit Dingen und Menschen, wie sie wirklich sind oder auch wie sie sein könnten. Die praktizierte Intoleranz zur Stärkung des eigenen Selbst kann täglich in „kleinen" herablassenden Bemerkungen über das äußere Erscheinungsbild von Mitmenschen oder das Lächerlichmachen anderer Lebensentwürfe und Meinungen beobachtet werden. Die Relativität von Eigenschaftszuschreibungen lässt sich quer durch Europa feststellen: Von Westen nach Osten nehmen die jeweils westlicheren Nationen für sich in Anspruch, zivilisierter und kultivierter als ihre östlichen Nachbarn zu sein. Von Norden nach Süden nehmen für die Nachbarn Zuschreibungen wie temperamentvoll, unordentlich und unzuverlässig zu.

Statt dieser Einengung und Fixierung von Sichtweisen ist eine vorurteilsfreie Auseinandersetzung mit anderen Kulturkreisen, Erfahrungen und Lebensrealitäten immens bereichernd. Die Vielfalt unserer Erde drückt sich nicht nur in den unterschiedlichsten Biotopen, sondern auch in den verschiedenen sozialen und gesellschaftlichen Lebensmodellen aus. Vielfalt braucht und bedingt Toleranz. Der Begriff der Toleranz hat seine Wurzeln in dem lateinischen Verb „tolerare = erdulden". Toleranz heißt auch Nachsicht, heißt noch einmal auf einen Gegenstand, eine Meinung oder Verhaltensweise zu schauen, ehe man sich ein Urteil bildet. Eine hohe Frustrationstoleranz, d. h. die Fähigkeit, Unwohlsein, Enttäuschungen und Niederlagen zu ertragen, ist nach den Erkenntnissen von Soziologen und Psychologen eminent wichtig für das gesellschaftliche Miteinander.

Die Einsicht, dass es in einer Gesellschaft nicht genug Toleranz geben kann, dass Toleranz eine Schutzfunktion vor totalitären Diktaturen hat, führte 1947 zur Gründung der Interdisziplinären Studiengesellschaft (ISG). Nach der Satzung der ISG ist die Entwicklung und Stärkung des Engagements für Toleranz, Humanität und Verantwortung der Vereinszweck der Gesellschaft. In einer Tagung im Herbst 2008 hat die Gesellschaft das Thema der Toleranz erneut konkret aufgegriffen, denn durch Migration, materieller Orientierung, zunehmender Armut, Fundamentalismus und Globalisierungseffekte droht die Toleranz im menschlichen Miteinander verloren zu gehen. Die Inklusion, die Ermöglichung von Teilhabe und Partizipation, steht zwar in vielen politischen Programmen, aber das allein reicht nicht. Es ist wichtig und eine dauerhafte Aufgabe, Toleranz in die Alltagspraxis hineinzubringen. Die in dem vorliegenden Band publizierten Vorträge der Tagung decken deshalb ein breites Spektrum ab, in dem das Eigene, das Fremde und die Toleranz aus philosophischer, psychologischer, kulturwissenschaftlicher, medienkritischer, medizinischer, naturwissenschaftlicher, politischer und literarischer Sichtweise beschrieben und erörtert werden.

Ausgehend von einer Diskussion der verschiedenen menschlichen und gesellschaftlichen Positionen, die mit Begriffen wie das Eigene und das Fremde verbunden sind, verdeutlicht Helmwart Hierdeis, dass der Blick auf das Eigene den Blick auf das Fremde bestimmt. Das Fremde ist das gedeutete und interpretierte Andere. Dies erfolgt in besonderer Weise durch die Medien (Fernsehen und Internet), die die Chance zur Aufklärung haben, aber beispielsweise bereits in ihrer Auslandsberichterstattung viele weiße Flächen hinterlassen (Jan Tonnemacher). Bemessen an dem Grad der öffentlichen Diskussion scheint sich gegenwärtig das Fremde insbesondere im Islam zu manifestieren. Es ist deshalb wichtig, die kulturprägende Kraft des Islams für Europa in Erinnerung zu rufen (Silvia Horsch). Dabei soll nicht vergessen werden, dass die Besonderheiten der Sozialisation und Enkulturation in verschiedenen Kulturkreisen auch ganz spezielle Herangehensweisen erfordern, wenn man sich verständigen und nicht missverstehen will.

Die Notwendigkeit, das Besondere an dem Anderen zu erkennen und zu berücksichtigen, wird an dem Beispiel der gynäkologischen Behandlung türkischer Migrantinnen (Mechthild Neises) ebenso wie bei der Einbeziehung von Jugendlichen aus Serbien, Russland, Rumänien und der Türkei in Theater- und Kulturprojekte deutlich (Thomas Laue). Rund fünfzehn Millionen der in Deutschland lebenden Menschen haben einen Migrationshintergrund. Die Herausforderungen, die sich aus dem gesellschaftlichen Miteinander für die (Integrations)Politik ergeben, sind enorm (Thomas Kufen).

Bei der Frage nach dem Eigenen und dem Fremden sollte der Blick nie auf das eigene Land beschränkt bleiben. Viele Länder kämpfen mit einer Armut, die die Schwächsten unter ihnen, Kinder und Jugendliche, in erbarmungswürdige Lebensumstände treibt. Hartwig Weber schildert am Beispiel kolumbianischer Straßenkinder, welche fast unüberwindbaren Grenzen zwischen ihnen und den etablierten Gesellschaftsschichten gezogen werden. Die Straßenkinder haben keine realistische Perspektive auf Eingliederung, sie werden zu „Abfallprodukten der Globalisierung", so bezeichnet sie jedenfalls Zygmunt Bauman. Gesellschaftlicher Ausschluss, Exklusion, ist jedoch kein exotisches Phänomen, das auf so genannte Schwellenländer oder Länder der Dritten Welt begrenzt ist. Das Spannungsverhältnis zwischen gesellschaftlich produzierten Attitüden und Normen und individueller Eigenart wird auf andere Weise in dem Beitrag von Thomas Markert deutlich. Die Aussage „Ich kann dich nicht riechen" verweist auf unbewusst ablaufende chemische Prozesse im Individuum. Unser erlerntes Geruchsempfinden kann zur Ablehnung von Menschen führen, die nicht individuell begründet ist, sondern sich aus unseren unterschiedlichen kulturellen Gepflogenheiten und Essgewohnheiten ergibt.

Neben der wissenschaftlichen Betrachtung von Toleranz im menschlichen Miteinander liefert die literarische Durchdringung einen weiteren Zugang zum Thema. Zwei Kurzgeschichten von Almut Baumgarten bringen uns die Irritationen der menschlichen Existenz näher, wenn wir versuchen, uns und unsere(n) Nächsten zu verstehen oder zu ertragen. Jeder Mensch hat Gedanken, die er niemandem, außer vielleicht seinen engsten Freunden, anvertraut. Manche Gedanken erzählt man überhaupt nicht, sondern behält sie nur für sich selbst. Darüber hinaus gibt es Dinge, bei denen wir nicht einmal wagen, sie uns selbst einzugestehen.

Die Beiträge in diesem Buch sollen helfen, Augen, Ohren, Herzen und den Verstand für die Bereicherungen zu öffnen, die Kulturen und Gesellschaften durch die Begegnung mit anderen gesellschaftlichen Paradigmen und Konstruktionen erfahren können. Die moderne Zivilgesellschaft sollte sich wieder auf Offenheit und vorurteilsfreies Interesse besinnen, statt Ressentiments, Angst, Kontrolle und Restriktionen zu kultivieren. Zur Demokratie gehört Toleranz, da sie anders Denkende und anders Handelnde vor Repression, Diskriminierung, psychischem Terror und physischer Zerstörung schützt. Im sechzigsten Jahr seit der Konstitution des Deutschen Grundgesetzes lohnt es deshalb, noch einmal die Artikel 1-5 (Menschenwürde, freie Persönlichkeitsentfaltung, körperliche Unversehrtheit, Gleichberechtigung, Antidiskriminierung, freie Meinungsäußerung) zu lesen. Intoleranz ist für eine aufgeklärte Gesellschaft unerträglich, da sie gegen anerkannte menschliche Wertvorstellungen verstößt, nämlich gegen die Normen der Rationalität, der Gerechtigkeit und der Mitmenschlichkeit.

Auch wenn es *keine Vollkommenheit, sondern nur eine angemessene Unvollkommenheit in der Beziehung zum Fremden* gibt, wie es Helmwart Hierdeis in seinem Beitrag formuliert, so bleibt das Fremde eine unersetzliche und unerschöpfliche Ressource für das Eigene.

Dieter Korczak
Vorsitzender der Interdisziplinären Studiengesellschaft
München, im Juli 2009

Helmwart Hierdeis

Fremdheit – Entfremdung – Selbstentfremdung
Annäherungen

Präludium

Bei Tagungen finden sich merkwürdige Versammlungen ein: Menschen mit unterschiedlichen Lebensgeschichten und Lebensperspektiven, Menschen mit unterschiedlichen Neigungen, Temperamenten, Einstellungen, Weltdeutungen und Selbstverständnissen, Menschen mit unterschiedlichen Beziehungsmustern, sprachlichen, intellektuellen und sozialen Kompetenzen, Menschen aus unterschiedlichen wirtschaftlichen Verhältnissen und mit unterschiedlichen kulturellen Hintergründen und Ansprüchen, Menschen, die sich entweder noch nie gesehen haben oder die sich zu selten treffen, um sich gegenseitig gründlich kennen zu lernen – solche Menschen treffen sich an einem Ort, an dem sie nicht zuhause sind, um sich mit den Gedanken anderer auseinander zu setzen. Dabei erfahren sie möglicherweise, dass es von ihren persönlichen Denkwelten aus Zugänge zu etwas Allgemeinerem gibt, dass das eigene Denken durch das Denken anderer in Bewegung gerät und dass diese Erfahrung positive Gefühle auslöst: Gefühle der Selbstbestätigung, Gefühle der Bereicherung, vielleicht sogar Gefühle der Gemeinsamkeit. Es kann aber auch sein, dass die eine oder der andere sich in dem Vorgetragenen und Diskutierten nicht wiedererkennt („Wovon reden die eigentlich?"), sich fehl am Platz fühlt („Wo bin ich denn da hingeraten?"), auf Distanz geht („Das hat doch alles nichts mit mir zu tun!"), der Veranstaltung sogar den Rücken kehrt („Die sehen mich so schnell nicht wieder!") und den Organisatoren und Referenten die Schuld an der unbefriedigenden Erfahrung zuschiebt („Die können sich einfach nicht in andere hineinversetzen.").

Beispiele

Es ist offensichtlich, worauf ich hinauswill: Das grundlegende Strukturmerkmal aller menschlichen Gruppierungen heißt Differenz. Sie wird durch die Zugehörigkeit zu einer gemeinsamen Kultur und Sprache und das gemeinsame Interesse an einer Thematik nur überdeckt oder gemildert. Aber wir kennen zahllose andere Situationen, in denen sie uns unmittelbarer entgegentritt. Zwei Beispiele: Eine Studentin aus Taiwan möchte bei der Ausländerbehörde einer deutschen Stadt ihre Aufenthaltsverlängerung beantragen. Der Beamte reicht ihr ein Formular und deutet mit dem Finger darauf: „Du da ausfüllen und da unterschreiben!" Die Frau: „Ich studiere hier an der Universität Deutsch. Sie können ganz normal mit mir reden." Der Beamte: „Nochmal: Du da ausfüllen und da unterschreiben!" Das zweite Beispiel: In einer vollbesetzten Münchner Straßenbahn hat eine Türkin mit Kopftuch einen Sitzplatz gefunden. Zwei etwa zehn- und zwölfjährige Mädchen, offensichtlich ihre Töchter, stehen neben ihr. Sie schubsen sich gegenseitig und rempeln dabei andere Fahrgäste an. Unwilliges Gemurmel bei den Umstehenden, dann offenbar auf Türkisch eine scharfe Zurechtweisung durch die Frau. Die beiden Mädchen stehen still. „Die blöde Kuh nervt mich vielleicht", sagt die Ältere laut. „Genau!" stimmt ihr die Jüngere lachend zu. Die Frau schaut unsicher vor sich hin. Es ist ihr anzusehen, dass sie am liebsten weit weg wäre.

In der ersten Szene scheint bei dem Beamten die von ihm tagtäglich praktizierte Aufrechterhaltung eines Abstands zwischen ihm bzw. dem, was er vertritt, und seiner ausländischen Klientel so verfestigt, dass er den Brückenschlag von der anderen Seite entweder gar nicht mehr wahrnehmen kann oder dass er aus Angst vor der Zumutung, ein bewährtes Einschätzungs- und Abgrenzungsmuster in Frage stellen zu sollen, hinter seiner Demarkationslinie verharrt. In der zweiten Szene erkennen wir mühelos die Distanz der türkischen Frau zu ihrer sozialen Umwelt und zu den Kindern, während letztere dabei sind, auf dem Weg über die Sprache die Kluft zur anderen Kultur zu überwinden und offenbar Anschluss an eine Subkultur gefunden haben, in der man eben so über seine „Alten" redet – mit dem nicht zu unterschätzenden Vorteil auf ihrer Seite, dass die „Alten" keine Ahnung haben, was die Jungen da über sie reden.

Das Andere und das Fremde

Die Beispiele führen uns in abgestufter Eindeutigkeit und Eindringlichkeit mitten in unser Thema. „Fremdheit", sagt der Philosoph Bernhard Waldenfels, ist Ausdruck einer „Urdifferenz" (1999: 184). Sie zeigt sich darin, dass, wie der Phänomenologe Edmund Husserl schon vor fast hundert Jahren geschrieben hat, die Lebenswelt sich von vorneherein in „Heimwelt" und „Fremdwelt" sondert (zit. ebd.). Wenn Husserl einen Blick auf die deutsche Wortgeschichte geworfen hätte (vgl. Kluge & Mitzka 1960: 21, 217), dann wäre er wohl auf ein anderes Gegensatzpaar gestoßen. Die Etymologie zeigt nämlich, dass für die Unterscheidung zwischen verschiedenen Objekten oder zwischen verschiedenen Personen oder zwischen Personen und Objekten ursprünglich das Attribut „ander" eingesetzt wird, während „fremd" entweder eine Entfernung ausdrückt („fremd" im Sinne von „fern von") oder eine Bewegung, die von einem Ausgangspunkt wegführt („fremd" im Sinne von „vorwärts" oder „fort"). Wenn ich „fremd" sage, dann weise ich also auf eine Eigenart des „Anderen" hin: Es ist mir fern oder es entfernt sich von mir. Ausdruck der oben genannten „Urdifferenz" wäre demnach eher das „Andere" und nicht das „Fremde", und der Welt des „Anderen" stünde dann die Welt des „Eigenen" gegenüber. Das „Andere" ist so, wie es ist. Was ich dagegen als „Fremdes" wahrnehme, hat mit meinen Gefühlen, Bedürfnissen und Beweggründen angesichts dieses „Anderen" zu tun. Das „Fremde" ist ein mit Bedeutungen versehenes „Anderes", das mich nicht gleichgültig lässt. Ich schätze es als bedrohlich ein oder es weckt meine Sehnsucht. Jedenfalls fordert es mich zur Auslegung, zur Beurteilung, vielleicht sogar zu einem bestimmten Handeln heraus.

Das Eigene und das Fremde

Ob etwas als „anders" angesehen wird oder als „fremd", hängt davon ab, was der Zuschreibende als sein Eigenes empfindet und versteht (vgl. König & Siemund 2001: 109 ff). Es handelt sich um eine Unterscheidung, die jemand von seinem Standort aus vornimmt und setzt voraus, dass der Mensch sich selbst wahrnehmen und zum Objekt der Beobachtung machen kann und dass er in der Lage ist, sich auf diesem Weg über sich mit der Welt ins Verhältnis zu setzen. Diese Einsicht – die Grundvoraussetzung einer jeden selbstreflexiven Anthropologie und eines jeden Konstruktivismus – hat eine lange Geschichte, die auch in der Wahrnehmung des Fremden zum Ausdruck kommt. Schon in der Antike (vor allem in Griechenland) haben sich für das Fremdsein und Fremdwerden von Personen und Sachen, für das Sichselbstfremdwerden und Außersichgeraten von Menschen sowie für ihr Sich-Entfernen oder für ihr Ausgeschlossenwerden aus einer politischen wie religiösen Gemeinschaft Wörter herausgebildet, die mit Fremdheit zu tun haben (Ottmann 1982: 658). Das Christentum hat diesem Spektrum noch eine besondere Note hinzugefügt, indem es in der Gottesferne des Menschen auch eine Entfernung von der Bestimmung seines Selbst und das ganze Erdenleben als Leben im Zustand der Entfremdung und Fremdheit gesehen hat („alienatio"). Für unser Verständnis von „Fremdheit" ist also entscheidend, dass es der Blick aufs Eigene ist, der den Blick auf das „Fremde" bestimmt. Vor diesem Hintergrund ist das „Fremde" grundsätzlich das gedeutete, interpretierte, aufgefasste Andere und „keine objektive Größe und Eigenschaft des Fernen, Ausländischen, Nichteigenen, Ungewohnten, Unbekannten, des Unvertrauten oder Seltenen" (Wierlacher 1993: 62). Deshalb ist es auch möglich, dass – je nach meiner psychischen Verfassung oder nach meinen Bedürfnissen – „Andersheit" und „Fremdheit" ihre Stellung wechseln können (ebd.).

Die Konstruktion des Eigenen mit Hilfe des Fremden

Wir wissen, dass das Eigene bzw. das Bild, das ich von ihm habe, seine Geschichte hat. Die Selbstwerdung als Konstruktion des Eigenen ist nur möglich

> *„durch die Einbeziehung anderer. Ich werde zu dem, der ich bin, indem ich mich mit einem Elternteil, den Vorfahren einer Gruppe, mit einem* social self *identifiziere... Identifizierungen führen jedoch dazu, dass die Fremdheit eine kollektive Form annimmt. Als fremd gilt das, was aus der jeweiligen Eigenheitssphäre ausgeschlossen und von der kulturellen Existenz getrennt ist, was also nicht mit anderen geteilt wird. Fremdheit bedeutet in diesem Sinne Nichtzugehörigkeit zu einem Wir".* (Waldenfels 1999: 22)

Die Konstruktion des Eigenen hat allerdings auch eine materiale Seite. Denn die Identifizierung schließt immer das ein, was als von anderen gedeutete Welt zu lernen und zu verinnerlichen aufgegeben wird. Der Kulturtransfer zwischen den Generationen und die Vorbereitung auf künftige Lebenssituationen, beides einerseits lebensweltlich vermittelt, andererseits im Bildungswesen unter Aufstiegsbelohnungen bzw. Selektionszwängen organisiert, ist eine unaufhörliche Aufforderung, sich mit Informationen und Informationsvermittlern zu identifizieren, letzten Endes mit der Gesellschaft selbst, die diese Prozesse will und trägt. Ich werde zu dem, der ich bin, indem ich mir Wissen und Verhalten aneigne, das von anderen präsentiert und gewünscht wird, am besten dadurch, dass ich mir auch die damit verbundenen Motive, Absichten und Forderungen zueigen mache (vgl. Krusche 1983). Mein Selbst, meine Identität bildet sich stets, indem ich mich mit dem auseinandersetze, was nicht „Ich" ist und indem ich Teile des Fremden übernehme:

- So bin ich einmal durch adaptiertes, verinnerlichtes Fremdes, das meinem Bewusstsein weitgehend entzogen ist und von dem ich höchstens im Nachhinein durch angeleitete oder eigene Selbstreflexion wissen kann, wie es zu meinem Eigenen geworden ist und welche Bedeutungen es für mich angenommen hat (z. B. die „Mitgift" meiner Eltern, die kulturspezifische Art der grundlegenden Persönlichkeitsentwicklung).
- Ich bin ferner durch Fremdes, das ich als solches erkenne, das ich für meine persönlichen Bedürfnisse und für die Bewältigung meines Lebens brauche und über dessen Aneignung ich teilweise mitbestimme, desgleichen über den Grad der Identifizierung mit ihm (z. B. in Gestalt geliebter oder benötigter Menschen, von Bildungs- und Funktionswissen).
- Ich bin schließlich durch Fremdes, das ich nicht ins Eigene übernehme, sondern in Abgrenzung zu dem ich mich, mein Selbst, meine Identität konstituiere und in einem lebenslangen Prozess bewahre (z. B. Fremde und Fremdes, das bzw. die ich als mir nicht gemäß ansehe, denen und dem gegenüber ich mein Eigenes unberührt und unbeeinflusst sehen möchte).

Für diese Selbstbewahrung durch Abgrenzung habe ich bei dem indischen Schriftsteller und Nobelpreisträger V. S. Naipaul ein beredtes Beispiel gefunden. In seiner Erzählung „Einer von vielen" lässt er einen Inder namens Santosh zu Wort kommen, der aus einer niederen Kaste stammt. Er hat einen indischen Diplomaten nach Washington begleitet, sich aber nach kurzer Zeit von ihm getrennt. Er arbeitet in einem Restaurant, hat Priya, eine schwarze Amerikanerin, geheiratet und dadurch die amerikanische Staatsbürgerschaft erworben. Aus seinem Leben in den USA zieht er folgendes Resümee:

> *„Also jetzt bin ich ein Staatsbürger, mein Aufenthalt ist legal, ich lebe in Washington. Ich bin immer noch bei Priya. Wir sprechen nicht mehr so viel miteinander wie früher. Das Restaurant ist eine Welt für sich, die Parks und begrünten Straßen von Washington sind eine andere, und allabendlich führt mich eine dieser Straßen zu*

einer dritten. Ausgebrannte Ziegelhäuser, verfallene Zäune, unkrautüberwucherte Gärten; auf einem planierten Grundstück zwischen den hohen Ziegelmauern zweier Häuser eine Art von kreativem Spielplatz ... und dann das düstere Haus, in dem ich jetzt wohne.

Es riecht alles fremd, alles darin ist fremd. Aber meine Stärke in diesem Haus ist, dass ich ein Fremder bin. Ich habe mich seelisch und geistig gegen die englische Sprache verschlossen, gegen Zeitungen und Radio und Fernsehen ... ich will nichts mehr begreifen oder lernen.

Ich bin ein einfacher Mensch, der beschlossen hat, selbständig zu handeln und sich seine eigene Meinung zu bilden, und es ist, als hätte ich mehrere Leben gelebt. Ich will denen kein weiteres hinzufügen. ... Früher war ich einmal ein Teil des Stroms, ich empfand mich nie als ein selbständiges Wesen. Dann blickte ich in den Spiegel und beschloss, frei zu sein..." (1995: 75 f)

Fremdes geht mir nahe. Ich bin auf das Fremde angewiesen. Ohne das Fremde gibt es mich nicht. Das ist das eine. Das andere: Das Fremde ist ein Störfaktor, eine Bedrohung meiner Identität, etwas, zu dem mein Eigenes nur schwer in eine Balance zu bringen ist. Der deutsche Soziologe und Schriftsteller Schweizer Herkunft Urs Jäggi bringt dieses Dilemma für seine Person so auf den Punkt:

„Ich merk's bei mir. Weder bin ich ganz ein Deutscher, noch bin ich inzwischen kein Deutscher; ich versuche, mich in die Sache der Frauen und der Jungen hineinzuversetzen und bin's nicht oder nicht mehr ...

Schwierig, die Spannungen zwischen dem Fremdsein und dem Eigenen auszuhalten. Immer irgendwie daneben liegen, quer stehen. Und darum: bloß schnell weg und davon und daran festhalten, dass das Eindeutige immer das Eindeutigere ist. Und das Stabilere. Und das Vernünftige. Oder umgekehrt?

Das Unscharfe, Unentschiedene und Ambivalente nicht bloß als das Humanere, sondern auch als das Produktivere?" (1984: 171 f)

Fremdheitsfragen als Kulturfragen

Individuelle und kollektive Identitätsbildung bzw. die Bildung des Selbst und die Ausbildung der Identität einer Gesellschaft decken sich nicht. Dafür ist die kollektive oder kulturelle Identität zu schwer zu fassen. Außerdem unterliegt sie speziellen Entstehungsbedingungen, die mit inneren Gesetzmäßigkeiten des Kollektivs zu tun haben. Aber Analogiebildungen sind möglich. Denn auch Gesellschaften entwickeln Selbstbilder. Ihre Spannbreite reicht von reflektierten, rationalen Konzepten, wie wir sie in den Menschenrechtskatalogen oder in den Verfassungsnormen finden, bis hin zu schlichten Wir-Gefühlen. Auch Gesellschaften konstruieren sich ihr Eigenes aus historischer Erfahrung, überlieferten Menschenbildern und kulturellen Standards, die über die Erziehung des Nachwuchses vermittelt worden sind. Auch Gesellschaften konstituieren sich über Grenzziehungen. Sie schließen ein und schließen aus (Bielefeld 1998: 116). Auch Gesellschaften leben von der Adaptierung des Fremden. Auch Gesellschaften entwerfen ihre Bilder vom Eigenen und vom Fremden im Medium der Kultur, d. h. auf der Grundlage kulturbestimmter Bedeutungshierarchien, Vorstellungen und Rahmenbedingungen.

Fremdheitsfragen sind Kulturfragen – und umgekehrt. Das gilt vermutlich für die gesamte Menschheitsgeschichte, ist aber in der Gegenwart von besonderer Brisanz. Erstens werden wir heute aufgrund einer globalen Mobilität von Menschen, Ideen, Informationen, Technologien und Dienstleistungen mehr als früher und in Zukunft noch stärker als heute mit Fremden und Fremdem konfrontiert. Zweitens werfen die vielfältigen Erscheinungsformen, in denen uns Fremdes entgegentritt, ebenso viele Fragen nach der Behauptung des Eigenen (der eigenen Weltdeutung, des eigenen Lebensentwurfs, der eigenen Ästhetik, des eigenen Besitzes, der eigenen Sicherheit) oder nach dessen Modifikation auf. Das geschieht heute zudem vor dem Hintergrund einer Geschichte, in der es sich viele Gesellschaften, die deutsche in besonderer Weise, vor allem in den letzten beiden Jahrhunderten mit ihren Fremdheitskonstruktionen einfach gemacht und überwiegend ablehnend, ausbeuterisch oder gar vernichtend reagiert haben. Die Aufklärungs- und Demokratisierungsprozesse in der zweiten Hälfte des 20. Jahrhunderts haben zwar zu differenzierteren Sichtweisen und toleranteren Praktiken geführt, aber die immer wiederkehrenden nationalistischen und rassistischen Eruptionen lassen den Verdacht aufkommen, dass allein schon phantasierte Bedrohungen des Eigenen diese Differenzierungen aufheben können. „Österreich den Österreichern!" hieß soeben ein Wahlslogan der Rechtsparteien im Wahlkampf der Alpenrepublik. Die deutschen Nationalisten singen die gleiche Melodie – nur noch mit hässlicheren, weil faschistischen und rassistischen Texten. Abgesehen davon hat speziell die deutsche Gesellschaft große Schwierigkeiten, nach der mit dem Untergang des Nationalsozialismus gleichfalls von der Oberfläche verschwundenen öffentlichen Verherrlichung inhumaner, aber seinerzeit zweifellos identitätsstiftender nationalistischer und rassistischer Ideen eine neue gesellschaftliche und kulturelle Identität zu formulieren. Dieses Defizit liegt nicht, wie von konservativen Kulturkritikern gerne behauptet, an einer „Schwäche" der eigenen Kultur, sondern an der verbreiteten Unwilligkeit und Unfähigkeit, die Pluralität und Flexibilität dieser Kultur als Chance zu begreifen und zu nützen.

Kulturen als Mischkulturen

Wenn die Stärke einer Kultur in ihrer „Unverfälschtheit" oder in ihrer „eindeutigen Herkunft" aus der Geschichte „eines" Volkes oder „einer" Nation gesehen wird, so liegt dieser Annahme mehr Wunschdenken als Geschichtskenntnis zugrunde. Im Falle Deutschlands hat die Sünde Fichtes und Herders, die nationale Identität auf die angebliche Ursprünglichkeit und Besonderheit der deutschen Sprache zu gründen, lange und unheilvoll nachgewirkt (vgl. Schilling 1953: 309). Sie bereitete den Boden für eine andere fiktive Einheit, die der Rasse, die Ende des 19. Jahrhunderts zu einem neuen politischen Ordnungsbegriff wurde. Diese Konzeption wurde „von weiten Bevölkerungskreisen als Rationalisierung einer gleichsam primären Heterophobie übernommen" (Bielefeld 1998: 111), weil sie so einfach und exakt schien.

Alle Kulturen sind Mischkulturen. Dafür bietet die Entwicklung von Sprache, Schrift, Religion, Gesellschaftsorganisation, Gesetzgebung, Brauchtum, Technik, Wissenschaft usw. genügend Belege. Dass es keine „reinen" Kulturen gibt, lässt sich besonders an jenen ablesen, die in ihrer Geschichte vielfältige Begegnungen mit anderen Kulturen erlebt haben und noch erleben. Für gemischte Kulturen sind die Kulturen der westlichen Welt geradezu exemplarisch, weil sie nicht nur zahllose, teilweise gar nicht mehr als „fremd" zu identifizierende Kulturelemente in sich aufgenommen haben, sondern auch die Angehörigen fremder Kulturen. Kulturelle Identität kann sich also niemals mit vernünftigen Gründen auf eine Kultur berufen, die ausschließlich „meine" oder „unsere" Kultur wäre (Hierdeis 2003: 16). Diese Behauptung setzt allerdings einen Begriff von Kultur voraus, der weniger deren materiale Seite im Auge hat als die symbolische im Sinne eines Orientierungssystems, „das unser Wahrnehmen, Bewerten und Handeln steuert" – also Kultur als „Repertoire an Kommunikations- und Repräsentationsmitteln, mit denen wir uns verständigen, uns darstellen, Vorstellungen bilden. ... und das impliziert, dass Kulturelemente mehrdeutig sind" (Auernheimer 1999: 28).

Eine Kultur, die als Orientierungssystem dient, muss sich zusammen mit den Lebensverhältnissen ändern, weil sie sonst die ihr zugedachte Funktion nicht erfüllen kann (Auernheimer 1999: 32; Heinze 2002: 203; Knapp 2003: 47 f). Das gilt von den „Makrokulturen" („Christliches Abendland", „Westliche Kultur") bis zur Kultur des einzelnen Subjekts, also zu unserer persönlichen Kultur. Veränderbarkeit ist nicht mit Beliebigkeit gleichzusetzen; denn Orientierungsmuster sind tradiert und damit erlernt. Die Interpretationen, die in ihrem Rahmen erfolgen, verleihen Sicherheit. Schon von daher stellt jede Kultur nur „ein begrenztes Potential an Deutungsalternativen" (Auernheimer 1999: 34) zur Verfügung. Sie nimmt nur bestimmte Dinge wahr, blendet andere aus und begrenzt die Assimilierung dessen, was als fremd wahrgenommen wird (ebd.). Das Sicherheitsbedürfnis steht der Akzeptanz von Pluralität und Mehrdeutigkeit entgegen.

Sicherheit vor dem Fremden

Mit dem Bedürfnis nach Sicherheit ist das psychologische Kernproblem des Fremdheitsdiskurses benannt, gleichgültig ob er nun auf das Individuum oder auf die Gesellschaft bezogen ist. Schon der erste deutsche Fremdheitstheoretiker des 20. Jahrhunderts, der Soziologe Georg Simmel, hat vor nunmehr genau hundert Jahren in seinen „Untersuchungen über die Formen der Vergesellschaftung" (1908; 1992) den Fremden als jenen „Wandernden" bezeichnet, „der heute kommt und morgen bleibt" (1992: 764). Damit, meint er, sei der ursprünglich „Ferne nahe" (765) und trete mit den Einheimischen oder Ansässigen in ein Wechselwirkungsverhältnis ein. Letztere könnten davon profitieren, weil er ihnen Waren und Kenntnisse von draußen bringe und ihnen so den Weg in die Fremde erspare. Sie könnten ihn auch gebrauchen, wenn es darum gehe, bei Konflikten einen neutralen, weil mit keiner einheimischen Gruppe verbundenen Schiedsrichter einzusetzen. Aber sie betonten an ihm und seinesgleichen doch stets das, was er mit ihnen nicht gemein habe: seine Zugehörigkeit zu einem anderen Volk, zu einer anderen Rasse, zu einem anderen Ort. „Darum", schreibt Simmel, „werden die Fremden auch eigentlich nicht als Individuen, sondern als die Fremden eines bestimmten Typus überhaupt empfunden" (769). – Wer noch in der Kriegszeit aufgewachsen ist, erinnert sich an die Kennzeichnungen des Feindes als „der Tommy", „der Franzmann", „der Amerikaner" und „der Russe", von der Typisierung „der Jude" als „Feind im Innern" ganz zu schweigen. Vergleichbares erkennen wir in der Gegenwart z. B. im Hinblick auf „den Südländer", „den Türken" oder „den Afrikaner", die dann auch noch mit den entsprechenden Attributen versehen werden, letztere z. B. als „böse", „gewalttätig", „attraktiv", aber auch „kindlich" (Huber 2002: 156 ff). Typisierungen der beschriebenen Art gelten denen, die sie verwenden, als Abbildungen der Wirklichkeit. Sie ersparen den genauen Blick und sind unter Gleichgesinnten leicht zu kommunizieren. Aber ihre vermeintliche Treffsicherheit ist die Kehrseite der Unfähigkeit zur Differenzierung und die Kehrseite der Angst, diese Unfähigkeit könnte sichtbar werden. Die Angst steigt, wenn der Fremde, der gekommen ist, bleibt, und wenn der Fremde, der noch in der Ferne ist, sein Kommen ankündigt oder schon an der Grenze zum Eigenen sichtbar wird – wie die Afrikaner vor Lampedusa, Gibraltar und den Kanaren.

Ängste

Ängste gehören zu den verleugneten, verdrängten Gefühlen. Kinder dürfen Angst haben, weil sie die Welt noch nicht durchschauen und weil sie so vielen Menschen unterlegen sind. Aber Ängste passen nicht ins Selbstbild des Erwachsenen. Daher muss das Angsthaben unterdrückt, am besten verlernt werden. Seit Sigmund Freud (z. B. 1999 a: 412 f) wissen wir aber, dass das Kind, das wir einmal waren, in uns weiter lebt – mit seiner Bereitschaft, auf Überwältigungen und Überforderungen mit Ängsten zu reagieren, wenn es nicht in ausreichendem Maße die Erfahrung machen konnte, dass die Mutter schützt und dass die zeitweise Trennung von der Mutter keine Katastrophe ist, sondern verarbeitet werden kann. Diese Annahme wurde von der Bindungsforschung der Neuzeit nachdrücklich bestätigt. Mario Erdheim (1988: 237 ff, 258 ff) hat Freuds Theorie in dem Sinne neu formuliert, dass alle späteren Vorstellungen, Konstruktionen und Phantasmen vom Fremden davon abhängen, wie die frühkindlichen Trennungserfahrungen verarbeitet worden sind. Sobald das Kind andere Personen als die Mutter wahrnehmen kann, macht es die Erfahrung, dass es eine „Nicht-Mutter" gibt. Sie ist die erste Repräsentanz des Fremden, die dem Kind begegnet (258). Wenn es ungefestigt, d. h. bindungsunsicher ist, erhöht sich die Wahrscheinlichkeit von Angst- und Fluchtreaktionen. Ist es relativ bindungssicher, so antwortet es eher mit Interesse und Neugier (Erdheim 1988: 258 f). Die Einstellung gegenüber den weiteren Repräsentanten des Fremden („Nicht-Vater", „Nicht-Geschwister", „Nicht-Freunde") wird also davon beeinflusst werden, welche emotionale Sicherheit es gewonnen, welche Verarbeitungs- und Deutungshilfen es erfahren hat und wie es die erforderliche Trennung von der Mutter bewältigt. Analoges gilt, wenn es später in der Adoleszenz um die Konfrontation mit dem Fremden außerhalb seiner eigenen Kultur geht, also um fremde Personen, Völker, Lebensformen, Werte, Symbole, Ideen. Erdheim nimmt an,

> *„dass diese Repräsentanz des Fremden ebenso entwicklungsfähig oder stagnierend sein kann wie diejenigen von Vater und Mutter; sie kann – kontaminiert von den elterlichen Repräsentanzen – die archaischen Züge behalten, die wir in vielen Feindbildern erkennen können, oder sie reift mit der Ich-Entwicklung heran zu einem das Interesse und die Neugierde wachhaltenden Moment des Lebens. Gerade dann, wenn man mit Freud den dynamischen, historischen Aspekt der Kultur betont, spielen das Fremde und die Repräsentanz, die man daraus bildet, eine entscheidende, den Wandel vorantreibende oder hemmende Rolle: Das Fremde wird entweder zur Verlockung, durch die das Individuum angeregt wird, die kulturellen Verhältnisse, in denen es lebt, zu verändern, oder aber es wird zur Gefahr, die dazu zwingt, die bestehenden Verhältnisse zu konservieren".* (1988: 240)

Nach der bedrohlichen wie nach der faszinierenden Seite hin besteht die Gefahr, dass mangelnder Realitätssinn die Einschätzung trübt. Das betrifft die Fremden, denen wir begegnen, wie das Phantasma des Fremden, das wir in uns tragen. Hier mischen sich Reales und Imaginäres, Angst und Anziehung. Es sind nämlich „nicht nur die objektiven Bedingungen, die messbaren Zahlen, die sichtbaren Orte, die unterschiedlichen Kleider und Gebräuche (...), die das Verhältnis von Fremdem und Eigenem bestimmen" (Bielefeld 1998: 98), und es sind schon gar nicht die schlechten Erfahrungen, die wir vielleicht mit dem und den Fremden gemacht haben. Vielmehr steckt in der „Beunruhigung, die durch die Fremden ausgelöst wird, (...) ein nicht zu vernachlässigender individueller und kollektiver Eigenanteil" (ebd.). Es „ist eine bestimmte Form kollektiver Identität, ... die das Verhältnis zu den Fremden erst zu einem erfahrungsunabhängigen, prinzipiell prekären Verhältnis macht" (ebd.).

Das Fremde als Abgespaltenes

Im Rahmen seiner Vergesellschaftung treten dem jungen Menschen Bewertungen des Fremden entgegen: die eher informellen seiner Eltern, seines Milieus, der diversen Gruppen, in denen er sich aufhält, und die formellen Bewertungen der gesellschaftlichen Institutionen. Informelle und formelle Bewertungen unterscheiden sich in der Regel nicht nur voneinander, sondern auch jeweils untereinander. So erlebt der Heranwachsende in seiner Familie vielleicht eine gewisse Aufgeschlossenheit gegenüber dem Fremden, in seiner Jugend- und Freizeitkultur dagegen heftige Ablehnung – oder umgekehrt. Oder: Die Schule propagiert Toleranz gegenüber dem Fremden und Interesse an fremden Kulturen, aber der Jugendliche macht gleichzeitig die Erfahrung, dass die Politik seines Landes mit dem Schrei „Das Boot ist voll!" das Grundrecht auf Asyl einschränkt.

Die Heranwachsenden können unter den Bewertungsangeboten keineswegs frei wählen. Denn hinter jeder Einschätzung liegen Beziehungen (zu den Eltern, zu Lehrern, zu Freunden), die nicht einfach aufgekündigt werden können. Jede Übereinstimmung mit Bewertungen, die sie vertreten, verspricht Nähe, jedes Nein provoziert Konflikte und stellt Beziehungen in Frage. Ob sie die notwendige Balance erreichen, hängt weitgehend vom Anfang ab: Gespiegelt von den Eltern, erfährt das kleine Kind, dass sein Eigenes Anteile hat, die ihnen unerwünscht sind und die es deshalb unterdrücken soll, vor allem Angst und Aggressionen. Und es entdeckt, dass auch die Eltern Anteile haben können, die ihm weh tun – Gefühlskälte, Aggressivität, Ungerechtigkeit – gegen die es sich aber nicht wehren kann.

Arno Gruen, der in seinem Buch „Das Fremde in uns" (2002) versucht, den Hass Hitlers auf das Fremde aus seinen Kindheitserfahrungen heraus zu verstehen, kommt zu dem verallgemeinernden Schluss:

> *„Kein hilfloses Wesen kann in dem Bewusstsein existieren, dass die Menschen, auf die es ... angewiesen ist, seinen Bedürfnissen kalt und gleichgültig gegenüberstehen. Diese Angst wäre unerträglich, ja tödlich. Unser Überleben als Kind hängt also davon ab, dass wir uns mit den Eltern arrangieren und zwar auch und vor allem dann, wenn die Eltern tatsächlich kalt und gleichgültig oder grausam und unterdrückend sind.*
>
> *In diesem Fall ... wird (das Eigene) als etwas Fremdes abgespalten. Das Kind kann die Eltern nur unter der Voraussetzung als liebevoll erleben, dass es ihre Grausamkeit als Reaktion auf sein eigenes Wesen interpretiert – die Eltern sind*

grundsätzlich gut; wenn sie einmal schlecht sind, ist es unsere eigene Schuld. ... Damit übernimmt das Kind die lieblose Haltung der Eltern sich selbst gegenüber. Alles, was ihm eigen ist, wird abgelehnt und entwickelt sich zur potentiellen Quelle eines inneren Terrors... Das Eigene wird als etwas Fremdes verworfen, stattdessen übernehmen wir die kinderfeindliche Haltung unserer Eltern". (2002, 14 f)

Das Ergebnis dieser Abspaltung – dieser Entfremdung vom Eigenen, dieser Selbstentfremdung – ist ein doppeltes: Auf der einen Seite entspannt sich die Beziehung zu den Eltern und bleibt so lange „in Ordnung", als das Fremde gemieden und gemeinsam mit den Eltern verurteilt wird. Die Identifikation kann dabei so tief sein, dass sie nicht auf deren Anwesenheit angewiesen ist und noch über ihren Tod hinausreicht. Auf der anderen Seite kann das Abgespaltene eine eigene Dynamik entfalten. Wenn sich nämlich „diese Spaltungstendenzen als Grundmuster der psychischen Abwehr (erhalten), so baut sich die Fremdenrepräsentanz allmählich zum Monsterkabinett aus. Der Fremde wird zum Begriff des Bösen, Gemeinen, Hässlichen" (Erdheim 1988: 260).

Xenophobie

Wenn es zur Erziehungstradition einer Gesellschaft und zu ihrer anhaltenden pädagogischen Praxis gehört, das Eigene des Kindes zu unterdrücken und auf seine Identifikation mit den Eltern und Erziehern zu setzen, wie das Fromm, Reich, Horkheimer und Adorno in ihren „Studien zum autoritären Charakter" schon seit den 30er Jahren des vergangenen Jahrhunderts aufgezeigt haben (vgl. Adorno 1973), dann entstehen nicht nur zahllose individuelle Abspaltungsprozesse, die eine problematische Fremdenrepräsentanz nach sich ziehen können, sondern es kann sich darüber hinaus durch gesellschaftliche Kommunikation und auf der Basis einer unreflektierten Geschichte eine kollektive Identität und ein kollektives Fremdenbild mit – je nachdem – „völkischen", nationalistischen, ethnozentristischen, rassistischen Zügen entfalten. Es legt fest, wer dazugehört und wer nicht, wer drinnen ist und wer draußen zu sein hat, wer als gut oder böse, friedlich oder gefährlich, normal oder unnormal anzusehen ist. Da Fremde die eigene Identität stören, muss ihre Anwesenheit und ihr Einfluss minimiert werden. Folgt die Politik diesem Bild, dann wird sie keinen großen Wert auf den kulturellen Austausch legen. Sie wird im Gegenteil das „Anderssein" der Fremden betonen und es für die Herstellung einer sozialen Asymmetrie nützen. Sie fördert den kollektiven, Zustimmung sichernden Narzissmus der Einheimischen durch subtile Abwertungen der Fremden ebenso wie durch Verweise auf deren Minoritätenstatus, durch rigide Forderungen, sie müssten sich der „Leitkultur" der aufnehmenden Gruppe anpassen, durch die Andeutung von Gefahren, die von ihnen ausgehen (Kriminalität) und letzten Endes durch die Aufrechterhaltung rechtlicher Ungleichheit. Auch das verstehen sogar Sozialwissenschaftler gelegentlich als „Integration", wie Urs Jäggi polemisch angemerkt hat:

> *„Der Fremde kommt, weil er ökonomisch gebraucht, missbraucht, geduldet wird und weil er leicht wieder abzuschieben ist. Gleichstellung gibt's nicht, die Diskriminierung wird nicht aufgehoben, bevor sich der Schwächere nicht zum Stärkeren durchgekämpft hat. Die Schlange lauert, packt zu, verschlingt ihre Opfer. Man sieht zu, wie die Maus verschwindet, hinunter gewürgt wird. Eine Weile noch ist eine Ausbeulung sichtbar. Dann weg. Verdaut.*
>
> *Diese Art von Einverleibung nennen wir auf unsere unverfrorene Art in den Sozialwissenschaften Integration ... Ganz offensichtlich meint hier Integration aufgeben. Der Fremde soll, wenn seine Anwesenheit ökonomisch notwendig ist, mindestens sozial verschwinden."* (1984: 167)

Unsere inneren Bilder vom Fremden wirken sich auch auf unser Bewusstsein im Hinblick auf die Geschichte und den kulturellen Wandel aus. Insofern meint Xenophobie nicht nur Fremdenangst, sondern Angst vor Wandel überhaupt. Wer xenophobisch fühlt und denkt, für den ist nur eine Geschichte die richtige Geschichte – „Das Deutsche Reich hat den Ersten Weltkrieg durch Verrat verloren." „Die deutsche Wehrmacht war anständig." „Rudolph Hess wurde von den Amerikanern im Gefängnis ermordet." –, und er glaubt immer genau zu wissen, was und wer nicht zur eigenen Kultur gehört: selbstverständlich die Ausländer, aber es können auch die sog. Naturvölker sein oder Verrückte oder Behinderte oder die Intellektuellen, die Bourgeoisie, die Homosexuellen, die Kommunisten, selbst die Frauen (vgl. Erdheim 1988: 262). Diejenigen, die nicht dazugehören, muss man auf Distanz und in Schach halten, denn von ihnen droht die Aufweichung, Unterminierung, Schwächung, ja selbst die Auslöschung der eigenen Kultur. Eine solche Einstellung macht das Verhältnis zu den Fremden zwangsläufig zu einem „Macht- und Verteidigungsverhältnis" (ebd.). Es wird umso ausgeprägter, je archaischer die Phantasien über die Fremden sind und je mehr sie sich von der Wirklichkeit des Fremden entfernen – wie der auch ohne Juden funktionierende Antisemitismus zeigt (vgl. Brenner 2003).

Das gilt zumindest tendenziell. Was die Ausländer als die Hauptrepräsentanten des Fremden angeht, sind jedoch Unterscheidungen angebracht, weil sie durchaus differenziert wahrgenommen werden. Das äußert sich z. B. in subjektiven „ethnischen Hierarchien", an deren Spitze die am besten assimilierten, und daher unauffälligen Fremden stehen. Sie stammen entweder aus nahestehenden Kulturen oder sie haben sich freiwillig assimiliert oder sie haben möglicherweise unter dem Anpassungsdruck viel von ihrem persönlichen und kulturellen Eigenen aufgegeben und sind ihrer angestammten Kultur und damit sich selbst partiell entfremdet. Am Ende der Hierarchien stehen Gruppen, die von den stärksten Diskriminierungen getroffen werden und die sich damit vor allem als Feindbilder eignen (Weiss 2002: 19 f).

Wie in Österreich erhoben wurde, sind Personen mit niederer Bildung für eine suggestive und aggressive Fremdheitssemantik besonders anfällig (Weiss 2002: 34 f). Sigmund Freud hat 1921 in seiner Schrift „Massenpsychologie und Ich-Analyse" (1999 b) die gesellschaftlichen und psychischen Mechanismen beschrieben, die Regressionen hervorrufen können. Zu ihnen gehört z. B. die Erfahrung der Ohnmacht gegenüber autoritären Herrschaftsverhältnissen. Niedere Bildung und das Gefühl, Objekt oder gar Opfer der Verhältnisse zu sein, hängen eng zusammen. Regressive Reaktion heißt hier, dass die Betroffenen sich nicht gegen die „wahren" Objekte, also gegen ihre Unterdrücker, wenden und protestieren oder eine Revolution anzetteln, sondern dass sie gegen die „falschen" Objekte vorgehen, also gegen sich selbst oder gegen Fremde, die an ihrer Situation keine Schuld tragen oder dass sie die Fremden bzw. das Fremde als „exotisch" überbewerten und gleichzeitig das Eigene abwerten:

> *„Die Xenophobie belebt jene frühen Spaltungsmechanismen wieder, durch die der Fremde zum Sündenbock gemacht werden kann, und der Exotismus weckt vor allem jene nachödipalen Idealisierungen, die, aufs Fremde projiziert, die Ohnmacht im Eigenen akzeptabler erscheinen lassen".* (Erdheim 1988: 265)

Jeder Mensch hat Bilder vom Fremden, in die reale und imaginäre Elemente eingegangen sind und fortlaufend eingehen. Problematisch ist ein Ich, das nicht zwischen ihnen unterscheiden kann, für das die Grenzen zwischen innen und außen ein für allemal fest gezogen sind und für das Flexibilität gleichbedeutend mit Schwäche ist. Als individuelles Bild mag das in den davon betroffenen Beziehungen skurrile oder tragische Züge annehmen oder in der Form permanenten Misstrauens von einzelnen gegenüber Fremdem und Unbekanntem auch einfach nur lästig sein. Als kollektives Bild, das in konflikthaften Zeiten oder in Zeiten großer Migrationen von erheblichen Ängsten getragen und zusätzlich durch typisierendes Reizwortgerede („Ausländer", „Schwarze", „Moslems", „Juden") aktiviert wird, verbindet es sich leicht mit historischen Schwarzweißzeichnungen und wird politisch relevant.

Historische Lösungsversuche

Das Fremde in allen seinen Gestalten ist in der Menschheitsgeschichte eine ständige Zumutung für die Psyche der Einzelnen wie für Kollektive, und der Umgang mit dem Fremden ist eine im Rahmen der jeweiligen Kultur zu bewältigende Daueraufgabe. Bei einem Blick in die Geschichte werden dafür unterschiedliche Lösungsversuche erkennbar. Um in unserer kulturellen Tradition zu bleiben:

- Das Volk Israel duldete Angehörige fremder Völker bei sich, wenn sie auf einen eigenen Kult verzichteten (Schlette 1963: 680 f).
- Immer wieder sagt Gott in den Büchern Moses dem Volk Israel, dass der Herr die Fremden liebt und ihnen Brot und Kleidung gibt (vgl. 2 Mos 22,20; 23,9; 3 Mos 19, 33 ff; 24,22; 4 Mos 15,14;5 Mos 10,18).
- Gott erinnert die Israeliten daran, dass er sie in der Fremde Ägyptens beschützt hat.
- Rut wird als Nicht-Israelitin zur Mitbegründerin des Hauses David (Rut 4,13-17).
- Durch den Propheten Ezechiel wird den Israeliten gesagt, dass die Fremdlinge unter ihnen, die Kinder haben, bei der Landverteilung den Kindern Israels gleichzustellen sind (Ez 47,22 f).
- Umschlossen werden alle Einzelregelungen vom Gebot der Nächstenliebe.
- Das Neue Testament führt diese Norm weiter. Um zu verdeutlichen, was sie konkret bedeutet, erzählt Jesus das Gleichnis vom Barmherzigen Samariter, einem Fremdling, der einem in Not geratenen Einheimischen aus der Not hilft, nachdem seine Glaubensgenossen versagt haben (Luk 10,30-37; Matth 5,43-48; Mark 12,28).
- Die Botschaft des in der Apostelgeschichte beschriebenen Pfingstfestes lautet:

Wenn alle vom gleichen Geist beseelt sind, dann ist es gleichgültig, woher er kommt, was für eine Hautfarbe er hat und welche Sprache er spricht (Ag 2,1-12).

- Dass alle von Gott Geschaffenen und Geliebten auch als Nächste zu lieben sind – dieser Gedanke findet sich in säkularisierter Weise in der Aufklärung wieder: Alle Menschen haben von Natur aus Anteil an der Vernunft. Sie sind vernünftige Bürger dieser Welt. Das Beziehungsmodell für sie ist nicht die Liebe – auch wenn Friedrich Schiller in seiner „Ode an die Freude", die französische „Erklärung der Menschen- und Bürgerrechte" von 1789 zitierend, schwärmerisch meint, dass „alle Menschen Brüder" werden müssten –, sondern die Toleranz, verstanden als die Fähigkeit der Menschen, ihre Andersartigkeit gegenseitig anzunehmen und Regeln für den Umgang miteinander zu finden. Sie ist in die Charta der Menschenrechte eingegangen und von ihr aus zumindest sinngemäß in die Präambeln und Grundrechtsparagraphen der demokratischen Verfassungen (vgl. Bobbio 2007; Deutsche UNESCO-Kommission 1995; Schmidt 1995).

In einem Klima der Toleranz könnte der eingangs zitierte Beamte im Ausländeramt zu der chinesischen Studentin sagen: „Schön, dass Sie so gut Deutsch können. Dann werden Sie keine Schwierigkeiten haben, das Formular richtig auszufüllen. Bitte unterschreiben Sie hier." Die türkische Frau in der Münchner Straßenbahn würde vielleicht den Mut finden, die Sprache der aufnehmenden Gesellschaft wenigstens so weit zu lernen, dass ihre Kinder das Deutsche nicht als Geheimsprache gegen sie verwenden können – ganz abgesehen von ihren erweiterten Kommunikationsmöglichkeiten.

Ihren beiden Töchtern hätte allerdings schon jemand von den umstehenden Erwachsenen ohne Rückgriff auf eine Theorie von Fremdheit, Toleranz und Interkulturalität sagen können: „Mir gefällt nicht, wie ihr über eure Mutter redet." – Ganz normal eben.

Zusammenfassende Thesen

1. „Fremdheit" hat kein eigenes Sein, sondern ist das Ergebnis von Definitionen, Zuschreibungen und Konstruktionen.
2. Die empirische Basis für solche Prozesse bilden die Beziehungen des Menschen zu anderen Menschen, zu Elementen der sozialen, kulturellen,

ideellen und materialen Welt sowie die Beziehung des Menschen zu sich selbst.

3. In diesen Beziehungen werden Differenzen wahrgenommen und verarbeitet.
4. Die Wahrnehmung und Verarbeitung von Differenzen erfolgt vor allem im Zusammenhang mit der Gliederung der Lebenswelt in räumliche Nähe und Ferne (*Ort* als Kriterium), mit dem, was mir und anderen gehört (*Besitz* als Kriterium) und mit der *Art und Weise*, wie Nahes/Fernes und Eigenes/Anderes voneinander unterschieden werden.
5. Etwas (eine andere Person, eine Gruppe, eine Sache, eine Idee, ein Verhalten, das eigene Selbst) als „fremd" zu bezeichnen, ist etwas anderes, als seine Andersheit festzustellen. Das als „fremd" Bezeichnete ist das Andere, das mich etwas angeht.
6. In die individuellen Definitionen gehen die Definitionen anderer (Personen, Kollektive, kulturelle und historische Sedimente) ein. Damit entsteht ein Konflikt, welcher Norm (dem eigenen Maßstab, den Vorstellungen anderer) die eigene Fremdheitsdefinition folgen soll.
7. In jeder sozialen Gruppe (Gesellschaft) existieren Fremdheitsdefinitionen mit lebenswelt- oder kulturspezifischen Ausprägungen.
8. Individuen und Gesellschaften entwickeln im Hinblick auf Fremdheit je eigene Bedeutungshierarchien, vor deren Hintergrund sie die Zuschreibung und Verarbeitung von Fremdheit vornehmen.
9. Die Definition des Fremden geht aus der Definition des Eigenen hervor und umgekehrt. Beide Definitionen bedingen sich also gegenseitig. Ohne sie gibt es weder eine Identität des Selbst noch eine Identität des Anderen als Fremdes.
10. Identitätsbildung lässt sich somit als ein unaufhörlicher Prozess von Grenzziehungen zwischen dem Eigenen und dem Fremden beschreiben.
11. Dieser Prozess ist von einer spürbaren psychischen Dynamik, weil das Selbst bei seiner Wahrnehmung und Definition von Fremdem überprüfen muss, inwieweit das Fremde das Eigene beeinträchtigt, bedroht, unbehelligt lässt oder ob es ihm Vorteile bringt und weil das Selbst dann zu entscheiden hat, ob es das als fremd Definierte in seine eigenen Strukturen aufnehmen oder ob es das Fremde abwehren bzw. vor ihm fliehen soll.
12. Solche Überprüfungen und Entscheidungen bleiben nicht ohne Restzweifel, weil das als fremd Definierte stets uneindeutig ist und durch Verarbeitungsprozesse immer nur etwas eindeutiger gemacht werden kann.

Die Unsicherheit, es könnte auch alles anders sein, ist nie ganz zu überwinden.

13. Die Zuschreibungen von Fremdheit sind jeweils abhängig von subjektiven und objektiven Bedingungen: von der Anfälligkeit für Phantasmen, von bisherigen „bewährten" Definitions- und Verarbeitungsprozessen, von der Definitionsmacht anderer Individuen und Kollektive, von kollektiven Fremdheitsmustern und Gemeinsamkeitsfiktionen sowie von tradierten Fremdheitsdefinitionen und gesellschaftlichen Normen und Praktiken.
14. Wo das Selbst schwach ist, hält es die eigenen Definitionen für unmaßgeblich und schließt sich deshalb gerne kollektiven Deutungen an. In der Übereinstimmung mit ihnen findet es die Bestätigung dafür, dass es „richtig" liegt und gewinnt dadurch eine „geliehene" Sicherheit.
15. Im Rahmen individueller und kollektiver Definitions- und Verarbeitungsprozesse entstehen bewusste und unbewusste Repräsentanzen des Fremden. Stabile, emotional befriedigende, bestätigende und reflektierende Beziehungen begünstigen die Entwicklung von sicheren Ich-Identitäten und einem entspannten Verhältnis zum Fremden; unsichere, emotional defizitäre, rigide und reflexionsarme Beziehungen führen eher zu einem schwachen Selbst und zu Repräsentanzen des Fremden, die bedrohlich oder traumatisch wirken und Abwehr bzw. Vernichtungswünsche hervorrufen (*Xenophobie*) oder die, bei gleichzeitiger Abwertung des Eigenen, das Fremde idealisieren (*Exotismus*).
16. Definitionen des Fremden sind grundsätzlich – auf der individuellen wie auf der kollektiven Ebene – wandelbar. Auch wenn es angeborene Dispositionen, subjektive Wahrnehmungsroutinen und gesellschaftlich-kulturelle Muster gibt, die bestimmte Definitionen nahe legen, so sind die Bedeutungshierarchien dadurch nicht eindeutig determiniert, sondern immer auch lernabhängig. Was ursprünglich als fremd wahrgenommen wurde, kann zum Eigenen werden, ebenso kann ursprünglich Eigenes fremd werden (*Entfremdung; Selbstentfremdung*).
17. Fremdes kann über verstehende Differenzierung teilweise zu Eigenem werden, es kann aber auch durch Unvermögen oder über die Weigerung zu verstehen in stereotyper Weise fremd bleiben und abgewehrt werden. Fremdes kann schließlich als partiell Verstandenes den Status des Fremden beibehalten und dem Eigenen in einer fruchtbaren Spannung gegenüber stehen.

18. Wenn die Grenzziehung zwischen dem Eigenen und dem Fremden die beiderseitige Identität konstituiert, so gilt das grundsätzlich für alle Ebenen, auf denen Fremdes wahrgenommen werden kann (das Selbst, andere Menschen, Kollektive, Ideen, Objekte). Da aber fremde Ideen und fremde Objekte mit Personen identifiziert sind, tritt, wenn Fremdheit zum Problem wird, die personale Seite in den Vordergrund. Problematisch wird mir also in erster Linie mein (Fremdes) Selbst, und problematisch werden mir (fremde) Personen und Personengruppen.
19. Was mir an mir fremd ist und was an anderen, hängt unmittelbar zusammen. Ich „lese" den anderen mit den Zeichen, mit denen ich mich „lese", auch wenn ich mir dessen nicht bewusst bin.
20. Dass Fremdheit trotz gegenseitigen Einfühlens und Verstehens und trotz aller Bemühungen um ein gemeinsames Zeichenrepertoire letzten Endes nur lebbar gemacht, aber nicht überwunden werden kann, ist auf den *ersten Blick* von Nachteil. Denn die aufrecht erhaltene Fremdheit die Beziehungen des Menschen zu sich selbst, zu anderen, zu dem, worin die anderen ihre Identität finden (Kultur, Symbole, Ideen), zu dem, was noch nicht sein Eigenes ist und was möglicherweise niemals mehr sein Eigenes werden wird (das von seinen Idealbildungen, Phantasien und Projektionen illustrierte Ferne, Unbekannte), irritiert ständig und lässt die Psyche niemals in einer Balance ruhen. *Es gibt keine Vollkommenheit, sondern nur eine angemessene Unvollkommenheit in der Beziehung zum Fremden.*
21. Auf den *zweiten Blick* entpuppt sich Fremdheit in ihren vielfältigen Gestalten als unabdingbar für die Konstituierung des Selbst, für die Ordnung seiner Welt, für sein Lernen, seine Bildung, seine humane Entwicklung. Fremdes regt die Neugier an, stellt die Identitäten von Individuen, Gesellschaften und Kulturen auf den Prüfstand, provoziert Neudefinitionen, befreit aus Befangenheiten, bahnt objektivere Sichtweisen an, bewahrt vor Erstarrung und kultureller Entropie, ist Voraussetzung für Modernität, erzwingt neue Verständigungsweisen, erweitert Denken, Fühlen und Handeln, legt kreativere Lebensentwürfe nahe und sichert individuelle wie gesellschaftliche Freiheitsräume: *Fremdheit ist eine unverzichtbare, nicht auszuschöpfende Ressource.*

Literatur

Adorno, Th. W. (1973): Studien zum autoritären Charakter. Frankfurt: Suhrkamp.

Auernheimer, G. (1999): Notizen zum Kulturbegriff unter dem Aspekt interkultureller Bildung. In: Gemende, M.; Schröer, W.; Sting, S. (Hg.): Zwischen den Kulturen. Pädagogische und sozialpädagogische Zugänge zur Interkulturalität. Weinheim/München: Juventa, 27 ff.

Bielefeld, U. (1998): Das Eigene und das Fremde. Neuer Rassismus in der Alten Welt? Hamburg: Hamburger Edition.

Bobbio, N. (2007): Das Zeitalter der Menschenrechte. Ist Toleranz durchsetzbar? Berlin: Wagenbach.

Brenner, M. (2003): Juden und Normalität. In: Süddeutsche Zeitung vom 14./15. August.

Deutsche UNESCO-Kommission. Grundlagentexte 1995.

Die Heilige Schrift. Altes und Neues Testament (1962). Übers. v. V. Hamp u. a. Stuttgart: Katholisches Bibelwerk.

Erdheim, M. (1988): Psychoanalyse und Unbewusstes in der Kultur. Frankfurt: Suhrkamp.

Freud, S. (1999 a): Das Interesse an der Psychoanalyse. GW VIII. Frankfurt: Fischer.

Freud, S. (1999 b): Massenpsychologie und Ich-Analyse. GW XIII. Frankfurt: Fischer.

Gruen, A. (2002): Der Fremde in uns. Stuttgart: Klett-Cotta.

Heinze, Th. (2002): Kultursponsoring, Museumsmarketing, Kulturtourismus. Ein Leitfaden für Kulturmanager. Wiesbaden: Westdeutscher Verlag.

Hierdeis, H. (2005): Fremdheit als Ressource. Probleme und Chancen Interkultureller Kommunikation. Innsbruck: studia (Der vorstehende Beitrag beruht auf dieser Schrift).

Hierdeis, H. (2003): Interkulturelle Kommunikation. In: Heinze, Th. (Hg.): Kommunikationsmanagement. Opladen: Westdeutscher Verlag, 13 ff.

Huber, R. (2002): „Ein französischer Herr im Haus, ungebetene Gäste und ein Liebäugeln mit den Schweizer Nachbarn". Wahrnehmungen und Deutungsmuster des Fremden und des Eigenen in Vorarlberg. In: Bauer, I.; Ehmer, J.; Hahn, S. (Hg.): Walz – Migration – Besatzung. Historische Szenarien des Eigenen und des Fremden. Klagenfurt/Celovec: Drava, 147 ff.

Jäggi, U. (1984): Versuch über den Verrat. Darmstadt & Neuwied: Luchterhand.

Kluge, F.; Mitzka, W. (1960): Etymologisches Wörterbuch der deutschen Sprache. Berlin: de Gruyter.

Knapp, K. (2003): Kulturunterschiede. In: Wierlacher, A.; Berger, A. (Hg.): Handbuch interkulturelle Germanistik. Stuttgart/Weimar: Metzler, 69 ff.

König, E.; Siemund, P. (2001): Identität und Alterität. Zur Semantik von *fremd* und ähnlichen Ausdrücken. In: Jostes, W.; Trabant, J. (Hg.): Fremdes in fremden Sprachen. München: Fink, 109 ff.

Krusche, D. (1983): Das Eigene als Fremdes. Zur Sprach- und Literaturdidaktik im Fach Deutsch als Fremdsprache. In: Neue Sammlung 23, 27 ff.

Naipaul, V. S. (1995): In einem freien Land. Erzählungen. Köln: Kiepenheuer&Witsch.

Ottmann, H. (1982): Entfremdung. Philosophisch I. In: Krause, G.; Müller, G. (Hg.): Theologische Realenzyklopädie Bd. IX. Berlin: de Gruyter, 607 ff.

Schilling, O. (1953): Geschichte der Philosophie Bd. II. Die Neuzeit. München/Basel: Reinhardt.

Schlette, H.-R. (1963): Toleranz. In: Fries, H. (Hg.): Handbuch theologischer Grundbegriffe. Bd. II. München: Kösel 679 ff.

Schmidt, H. (Hg.) (1995): Allgemeine Erklärung der Menschenpflichten. München/Zürich: Pieper.

Simmel, G. (1992): Exkurs über den Fremden. In: ders.: Soziologie. Untersuchung über die Formen der Vergesellschaftung. Frankfurt: Suhrkamp, 764 ff (1908).

Waldenfels, B. (1999): Vielstimmigkeit der Rede. Frankfurt: Suhrkamp.

Weiss, H. (2002): Ethnische Stereotype und Ausländerklischees. Formen und Ursachen von Fremdwahrnehmungen. In: Liebhart, K.; Menasse, E.; Steinert, H. (Hg.): Fremdbilder – Feindbilder – Zerrbilder. Zur Wahrnehmung und diskursiven Konstruktion des Fremden. Klagenfurt/Celovec: Drava, 17 ff.

Wierlacher, A. (1993): Kulturwissenschaftliche Xenologie. Ausgangslage, Leitbegriffe und Problemfelder. In: ders. (Hg.): Kulturthema Fremdheit. Leitbegriffe und Problemfelder kulturwissenschaftlicher Fremdheitsforschung. München: judicium-verlag, 19 ff.

Jan Tonnemacher

Die Toleranz der Medien – Integration durch Fernsehen und Internet?

Toleranz im global village?

Schon vor über 40 Jahren wurde von dem Kommunikationswissenschaftler Marshall McLuhan das Wort vom „globalen Dorf" (global village) geprägt. In dieser Zeit, in der McLuhan schon das Ende der „Gutenberg Galaxis" voraussagte, war noch nicht annähernd absehbar, was bis zum Anfang des 21. Jahrhunderts in Sachen Kommunikation erfunden sein würde. Computer gab es zwar schon, aber es waren geradezu Ungetüme mit im Vergleich zu heute minimaler Speicher- und Rechnerkapazität, Hollerithmaschinen ratterten in den später so genannten EDV-Abteilungen der Unternehmen, und erst jeder dritte Haushalt in Deutschland verfügte über einen Telefonanschluss. Der Fernsehhaushalt konnte zwei bis drei Programme mit einem Gerät empfangen, auf einem Bildschirm minimaler Größe, schwarz-weiß und in aus heutiger Sicht bedauernswerter Qualität. Lebhaft erinnert fühlt man sich allerdings retrospekt auch an einen Aphorismus von Kurt Tucholsky, der schon vor gut 80 Jahren festgestellt hatte: „Man sollte gar nicht glauben, wie gut man heute ohne die Erfindungen des Jahres 2500 leben kann."

Wiederum heute geht es nicht mehr um das „global village", sondern um die Globalisierung unseres Planeten, um global culture, global communication und vor allem global economy. Wer hätte sich vor 40 oder noch weniger vor 80 Jahren vorstellen können, dass es möglich sein würde, Anfang des 21. Jahrhunderts von jeder Straßenecke aus mit Menschen an jedem Punkt der Erde telefonieren zu können, Hunderte von TV-Programmen auf einem flachen Großbildschirm im Wohnzimmer zu empfangen, wie selbstverständlich über Satelliten-Navigation zu verfügen und im Internet mit einem weltumspannenden Datennetz verbunden zu sein, in dem sämtliche Informationen und alles Wissen dieser Welt mühelos verfügbar sind?

Und – vielleicht noch einschneidender: Die Angebote werden mehr, immer vielfältigere Angebote erreichen uns und alles beschleunigt sich in früher kaum vorstellbarer Weise. Damit will ich deutlich machen, wie vermessen es doch ist, längere Zeiträume im Hinblick auf Medienentwicklung prognostisch zu erfassen.

Vielleicht tut es aber gut, sich in dieser beschleunigten „Welt des Wandels" auch der Konstanten zu erinnern: Die Zahl menschlicher Sinne und deren Aufnahmefähigkeit lässt sich nur bedingt vermehren – dies gilt auch für Lebenszeit –, und somit wird auch das so genannte Zeitbudget für Medien limitiert.

Andere und weit gewichtigere Zustände und Entwicklungen, wie beispielsweise der Klimawandel und die Ungleichheiten und Ungerechtigkeiten zwischen Arm und Reich auf unserem Globus, lassen sich – wenn überhaupt – nur mittelfristig und mit gemeinsamem guten Willen, mit Bescheidenheit und vor allem größter gemeinsamer Kraftanstrengung lindern oder gar beheben.

Auch „Toleranz" stellt eine wichtige Vorbedingung zur Lösung der globalen Menschheitsprobleme dar. Die Medien sind kein Menschheitsproblem, können aber trotz vielfacher Pseudo-Nachrichten und trotz der Dominanz von Zerstreuung und Belanglosigkeiten zur Lösung von Menschheitsproblemen beitragen, wenn sie vernünftiger angeboten und genutzt werden.

Somit richten sich meine Gedanken auf die Frage, wie die beiden meistgenutzten Medien der Gegenwart, das Fernsehen und das Internet, einen Beitrag zu einem vorurteilsfreien und bereichernden Aufeinanderzugehen und damit zu gegenseitigem Verständnis der so unterschiedlichen Kulturen dieser Welt leisten können. Und – weitergehend –, was dafür getan werden könnte, um Medien hierfür mehr und besser zu nutzen.

Das „Ausländische" im Fernsehen

Fernsehen – das In-die-Ferne-Sehen – ist gerade im Hinblick auf die Auslandsberichterstattung zweifellos das für uns Inländer wichtigste Medium, das die Wahrnehmung der Außenwelt nach wie vor am meisten prägt, wenn man einmal von den mehr oder weniger spärlichen Eindrücken von Begegnungen mit Ausländern oder Reisen absieht. Berichterstattung über das Ausland ist wiederum klar die Domäne von ARD und ZDF, mit einem großen Korrespondenten-Netz, Auslandsnachrichten und eigenen Themensendungen über Politik, Wirtschaft und Kultur in anderen Ländern (Beispiele: „Weltspiegel" im Ersten und „Auslandsjournal" im Zweiten Programm).

Die kommerziellen Sender üben hier weitestgehend Enthaltsamkeit, abgesehen von der Übernahme von Agenturmeldungen, von einigen Korrespondentenberichten und den speziell auf internationale Nachrichten konzentrierten Sendern wie Euro News, Eurosport oder auch CNN, BBC World Service, ntv und N24, alle aber mit kleinen und kleinsten Einschaltquoten. Auch Arte und 3Sat werden nur von wenigen Zuschauern eingeschaltet, wobei hier noch hinzukommt, dass es sich im Wesentlichen um Kulturberichterstattung handelt. Arte ist sogar explizit der deutsch-französische Kulturkanal, der übrigens in Frankreich deutlich höhere Einschaltquoten hat als bei uns.

„Auslandsjournal" und „Weltspiegel" erreichen im Durchschnitt zwischen 2,5 und 3 Millionen Zuschauer. Das sind bis zu zehn Prozent der Fernsehzuschauer, was noch als beachtlich gesehen werden mag, da die Sendetermine von früher in der „prime time" liegenden Zeiten deutlich in den späteren Abend verschoben wurden. Vor fünfundzwanzig Jahren, also vor Beginn des kommerziellen Fernsehens und damit des Dualen Rundfunksystems, waren es zusammen noch mehr als zwölf Millionen. Weiter relativiert sich diese Zahl, wenn man die Sendungen mit den zehn beliebtesten Fernsehfilmreihen und -Serien im öffentlich-rechtlichen Fernsehen vergleicht, dann fesseln Traumschiff, Schwarzwaldklinik und Co. jeweils zwischen sechs und elf Millionen Zuschauer an den Bildschirm. Vom Kommerzfernsehen hier noch gar nicht gesprochen, denn dort gilt natürlich ganz besonders, dass Information kostspielig und Auslandsinformation noch teurer ist und überdies „keine Quote" (und damit Werbung) bringt, wie es im Jargon so heißt. Vom damaligen Vorstandsvorsitzenden der Pro7 SAT1 Media AG Guillaume de Posch wird folgender Satz zitiert: „Qualität ist für uns Quote. Wenn Qualität keine Quote bringt, ist für uns das Spiel vorbei".

Gibt es über die höchstens zehn Prozent Zuschauer – zumeist aber wesentlich weniger – hinaus keine Nachfrage nach Auslandsinformation? Das wäre sicherlich zu einseitig gedacht, denn wie sieht es denn mit dem Angebot auch der öffentlich-rechtlichen Sender aus? Wie wirklich informativ sind die Korrespondentenberichte? Sind sie nicht viel zu häufig aus deutscher oder eurozentristischer Sicht ohne tiefer gehende Kenntnisse des Gastlandes geprägte und daher einseitige Schnipsel-Bilder, die ein wirkliches Verständnis kaum möglich machen? Liegt das an der Qualifikation der Macher oder besser gesagt, an deren Mangel? Am zu häufigen Wechsel der Korrespondenten, an zumeist nicht vorhandenen Kenntnissen der Landessprache oder doch eher am Medium selbst, das sich zu einer gigantischen Unterhaltungsmaschinerie entwickelt hat? Ausschnitte in Berichten von ein paar Minuten, mit Gewicht auf der Bildinformation, die – illustrierend und lebendig, aber auch in hohem Maße ablenkend wirkt, weil ein bestimmtes Bild, ein Bewegungsablauf oder ein Detail die Aufmerksamkeit mehr in Anspruch genommen haben als die Worte des Sprechers. Was soll da an Zusammenhängen, Hintergründen und Ursachen vermittelt, welches Verständnis kann da geweckt werden?

Erschwerend kommt hinzu, was von Auslandsjournalisten von ARD und ZDF selbst beklagt wird: Die Sichtweise wird gerade bei Konflikten oft von Regierungssicht geprägt. Bei Berichten über Afghanistan zum Beispiel sind es oft Beiträge affirmativer Art von „embedded journalists". Auch an einem Mangel an Unabhängigkeit vieler Journalisten kann es liegen, aber: Selbstkritik bleibt im Journalismus leider eine Orchideendisziplin.

Und weiterhin: Interne Untersuchungen des WDR haben gezeigt, dass es in der Auslandsberichterstattung nicht weiße Flecken, sondern *weiße Flächen* gibt, dass sich die Berichterstattung auf wenige Bereiche konzentriert, neben Europa, Russland und den USA im Wesentlichen die Krisengebiete des Nahen und Ferneren Ostens. Unterbelichtet sind weite Gebiete, an denen kaum Interesse besteht: Skandinavien, Südostasien, Japan, die Pazifische Region sowie Lateinamerika und Afrika. Und das ist deutlich mehr als die halbe Welt.

Inhaltlich erscheint es nicht viel besser. Die Schwerpunkte der Auslands-Berichterstattung werden häufig mit den „vier K's" charakterisiert: Krankheiten, Krisen, Kriege und Katastrophen. Alltagsleben dagegen, das gerade zum besseren Verständnis anderer Kulturen führen kann, kommt – überspitzt formuliert – nicht vor. Oft liegt das allerdings nicht an den Korrespondenten, die immer wieder feststellen müssen, dass entsprechende Angebote von ihren Heimatredaktionen nicht angefordert oder nicht akzeptiert werden.

Dabei sind die Möglichkeiten für eine andere Nutzung des Mediums durchaus gegeben, es sei nur an die Empfangssituation erinnert: 17 Millionen der 37 Millionen Fernsehhaushalte haben Satelliten-Empfang und hätten daher auch die Möglichkeit, eine Vielzahl von ausländischen Programmen zu empfangen, deren Einschaltquoten aber marginal bleiben: Von Al-Jazeera bis Tunis 7, von Arte bis Tele Madrid, knapp die Hälfte der 190 allein über Astra abgestrahlten Programme waren 2007 ausländischen Ursprungs.

Früher war das der so genannte „Overspill“; heute ist es also für nahezu die Hälfte der deutschen Fernsehhaushalte Alltag, aber angesehen werden diese Programme in erster Linie von Personen ausländischer Herkunft und Muttersprache, die damit den Kontakt zur eigenen Heimat und Kultur aufrechterhalten.

Schauen wir noch kurz, ob das in europäischen Ländern anders aussieht. Die Zahlen der internationalen Zuschauerforschung zeigen ein interessantes, aber wohl auch erwartetes Ergebnis: In den kleineren Ländern West- und Osteuropas, die an gleichsprachige und größere Nachbarländer angrenzen (z. B. Belgien, Niederlande, Schweiz, Österreich) oder selbst sogar mehrsprachig sind, entfallen erhebliche Anteile der Fernsehnutzung auf ausländische Programme. In der Schweiz beispielsweise in allen drei Sprachregionen mehr als 65 Prozent, in den Niederlanden immer noch 20 Prozent, in Deutschland sind das nur wenige Prozent (kleiner als 5). Dieses Zuschauerverhalten zeigt klar die Bedeutung der Sprache für eine wirkliche „Begegnung der Kulturen“, die im Fernsehen faktisch nicht stattfindet, wenn man von ausländischen Filmen und Serien absieht.

Zwischenfazit: Fernsehen ist trotz neuer und erheblich ausgeweiteter Übertragungsmöglichkeiten, die vor Grenzen schon lange nicht mehr halt machen, nach wie vor und weitestgehend ein nationales Medium.

Internet, das bessere Medium?

Was kann das andere wichtigste Medium unserer Zeit (oder ist es schon *das* Leitmedium) für mehr Toleranz und die Begegnung der Kulturen leisten? Das Internet mit seiner weltweiten Verbreitung, seinen 1,4 Milliarden Nutzern (20 Prozent der Weltbevölkerung), das dem Fernsehen in so vielfältiger Weise überlegen ist, und vor allem Interaktivität bietet, also *Kommunikation* ermöglicht? Nach vielleicht 15 Jahren und einem zwischenzeitlichen Absturz der New Economy war die Euphorie zunächst verflogen; mit Google, YouTube und Web 2.0 scheint sie sich aber wieder eingestellt zu haben. Ist das Internet – wie häufig postuliert – das Medium der friedlichen Verständigung, der grenzüberschreitenden Kommunikation im globalen Dorf des 21. Jahrhunderts? Begegnen sich in diesem Medium – endlich – die Kulturen?

Was dem Fernsehen fehlt, das sollte im Internet realisiert sein, und das ist es auch – zumindest von der Seite der Technik und teilweise auch des

Angebots her. Vernetzung und globale Verbreitung, kostengünstige Produktion, Aktualität, Multimedialität, Schnelligkeit, Verfügbarkeit, Auswahl-Möglichkeiten und der Dialog, weltweite Öffnung und Begegnung, Kommunikation in globaler Form und Gleichberechtigung beim Zugang zu Information und Wissen scheinen gegeben.

Eine nüchternere Betrachtungsweise zeigt allerdings, dass solche Erwartungen deutlich gedämpft werden müssen. Zunächst ist ein vermeintlicher Vorzug des Netzes gleichzeitig sein größter Nachteil. Die Kehrseite der riesigen Speicherkapazität und Verfügbarkeit besteht in einem geradezu chaotischen Überangebot an Information und Unterhaltung, noch ganz zu schweigen von dem uns alle belastenden Spam-Mail-Schrott.

Über die „Daten-Sucht" und die inzwischen vielleicht schon verhaltensauffällig und hoch nervös gewordenen Vielnutzer des Internet wurde bereits viel geschrieben, und es wäre hier Einiges zu sagen aus eigenen Erfahrungen mit den Studenten von heute oder heranwachsenden Kindern. Befürchtungen um Orientierungslosigkeit und mangelnde Entscheidungsfähigkeit können sich bewahrheiten, aber das ist hier und heute nicht das Thema.

Was wird geboten für die Begegnung der Kulturen von einem Medium, für das noch vor wenigen Jahren von der UNESCO festgestellt wurde, dass über 90 Prozent der Websites in englischer Sprache geschrieben sind, was sich bis heute allerdings zugunsten anderer Sprachen in den Inhalten verändert hat? Wenn sich dies auch geändert hat, so schränkt die anglo-amerikanische Dominanz die Nutzung nach wie vor ein, und untermalt wird das von einer weiteren UNESCO-Statistik, in der festgestellt wird, dass von 6.100 auf der Welt gesprochenen Sprachen 6.000 im Web überhaupt nicht vorkommen. Auch hier wird also die Kehrseite des Internet in Form von Gefahren für die Bewahrung kultureller Identität und Vielfalt auf unserem Globus deutlich, denn wir sehen ja, wie sehr mit der Sprache auch kulturelle Werte verbreitet und gefördert werden.

Das dritte Problem für eine Begegnung der Kulturen im Internet wurde schon 1999 im United Nations Development Program (UNDP) formuliert, und daran hat sich mit Sicherheit – wenn überhaupt – nur graduell etwas geändert: „The global gap between haves and have-nots, between knows and know-nots is widening".

Damit wird der „digital gap" angesprochen, die digitale Kluft, in der zwar ein weltumspannendes digitales Datennetz vorhanden ist – ein großer

Teil der Menschheit jedoch aus Mangel an Strom, Geld, technischen oder auch nur englischen Sprachkenntnissen von diesem ausgeschlossen ist.

Ich komme damit zum Fazit meiner kurzen und insofern notwendigerweise auch sehr kursorischen Ausführungen zu der Frage, welche Rolle Massenmedien im Prozess der Begegnung der Kulturen spielen und spielen könnten.

Ein vorläufiges Fazit

Fernsehen ist primär ein national ausgerichtetes Medium; daran wird sich für den Informationsbereich wohl nichts ändern. Es ist vor allem ein Unterhaltungsmedium; auch daran wird sich nichts ändern. Umso wichtiger, dass seine heute weniger bedeutende, aber in Teilen doch wichtige Rolle für Information und Kultur aufrechterhalten wird. Das öffentlich-rechtliche Fernsehen – und um das geht es ja, wenn wir von Kultur im Fernsehen sprechen – muss sich vom Quotendruck befreien, beziehungsweise durch die Landesgesetzgeber und Aufsichtsgremien davon befreit werden. Anders ist auf Dauer die Rundfunkgebühr auch nicht wirklich begründbar. Das Ceterum Censeo lautet also, dass die Politik den öffentlich-rechtlichen Rundfunk als Kulturinstrument erhalten muss, denn nur in ihm findet eine „Begegnung der Kulturen" überhaupt statt.

Das ist aber auch eine Aufgabe für die Anstalten selbst, die nicht allein nur Angebote zur Förderung von Kultur und kultureller Begegnung *machen*, sondern verstärkt die Voraussetzungen dafür schaffen müssen, dass diese auch angesehen werden; sei es durch akzeptable Sendeplätze, mehr Marketinganstrengungen oder bessere Berichterstattung mit weniger Agenturgläubigkeit, qualifizierten Korrespondenten mit Einfühlungsvermögen für andere Kulturen und mehr Kontinuität und Sensibilisierung in den Heimatredaktionen. Weiterhin – das sei hier nicht vernachlässigt aber noch am Rande erwähnt – fehlt es auch an Journalisten mit Migrationshintergrund.

Ein letztes Problem der „Toleranz" der Massenmedien, das in der Kürze der Zeit hier nicht behandelt werden konnte, stellt deren Tendenz dar, Stereotypen in den Bildern und Beschreibungen anderer Nationen zu verbreiten oder zumindest solchen nicht aktiv entgegenzuwirken. Diese Problematik stellt ein wichtiges Forschungsfeld in der Kommunikationswissenschaft dar (vgl. hierzu zusammenfassend: Kittl 2009).

Das Internet ist heute trotz mehr als einer Milliarde Teilnehmern ein zwar globales Medium, aber eben doch in vielen Bereichen dieser Welt noch ein „Medium der ökonomischen, politischen, wissenschaftlichen und kulturellen Eliten, die zumeist von den urbanen Zentren überall auf der Welt aus längst über digitale Netzwerke global miteinander kommunizieren" (Behmer & Trapp 2000: 202). Darüber hinaus wird das Internet dominiert von wenigen „Global Players", die sich der Kontrolle so mancher Regierung entziehen oder diese unterlaufen können. Das sind nur noch bedingt Medienkonzerne wie Time Warner, Viacom und Bertelsmann oder auch Informationstechnik-Unternehmen wie Microsoft, IBM oder Intel, sondern in wachsendem Maße andere Anbieter wie z. B. der Suchmaschinen-Riese Google, das neue Informationsimperium, das dabei ist, der „weltweit größte Herausgeber, Händler und Archivar von Informationen zu werden" (Journalist 8/2008: 12).

Von der Rolle von Google beim jetzt startenden Web TV noch ganz zu schweigen, bei dem der Konzern – dank Internet-Rückmeldung in Kenntnis gesetzt vom jeweils gesehenen Programm – (bisher nur) die passenden Werbespots anbieten kann, später wohl auch die Programme selbst. Ist dies dann auch eine Art kultureller Begegnung, falls die Google-Software-Ingenieure sich nur den jeweiligen Gegebenheiten eines Landes anpassen?

Schließlich: Wenn dem Netz eine Rolle als globales Medium wirklich ermöglicht werden soll, dann ist erforderlich, dass es auch von denjenigen genutzt werden kann, „denen aufgrund mangelnder Infrastruktur der Peripherien, insbesondere ökonomischer oder kultureller Zugangsbarrieren, bislang Teilnahme und Nutzung versperrt sind" (Behmer & Trapp 2000: 203). Und dies sind immer noch 80 Prozent der Weltbevölkerung.

Solche Aufgaben können nicht von Medienkonzernen und nicht allein von Internetanbietern gelöst werden, zumal die meisten an wenig gewinnträchtigen Lösungen kaum Interesse haben können. Sie sind eine Aufgabe für politische Institutionen, die regulierend eingreifen sollen und für eine in ihrer Bedeutung hoffentlich wachsende Zivilgesellschaft, für NGO's und andere, die auf die Anbieter Druck ausüben müssen. Fernsehen und Internet können einen wichtigen Beitrag für eine Begegnung der Kulturen leisten; sie sind aber Medien, und nur deren Angebot und dessen Gebrauch zählt wirklich. Am wichtigsten wird aber wohl sein, dass wir Alle gegen xenophobische Entwicklungen angehen, und als Mehrheitsbevölkerung lernen, anders mit fremden Ethnien und beispielsweise auch dem Thema Migration umzugehen.

Literatur

ARD (Hg.): Jahrbuch 2008. Hamburg: Verlag Hans-Bredow-Institut.

Behmer, M.; Trapp, B. (2000): More connected? Neue Medien und „Eine Welt" – Chancen und Risiken. In: Brosius, H.-B. (Hg.): Kommunikation über Grenzen und Kulturen. Konstanz: UVK. S. 187-208.

Kittl, S. (erscheint 2009): Freund, Feigling, Verräter? Das Deutschlandbild im Spiegel amerikanischer Printmedien zwischen 1998 und 2006. Vom Verfasser betreute Inaugural-Dissertation an der KU Eichstätt-Ingolstatt.

McLuhan, M. (1964): Unterstanding Media. The Extension of Man. New York: McGraw Hill.

Reischl, G.: Die Welt ist eine Google. In: Journalist, Nr. 8/2008, S. 12-17.

Tucholsky, K. (1985): Schnipsel: Hg. von Gerold-Tucholsky, M. und Raddatz F.J. Reinbek: Rowohlt.

UNESCO (Hg.): Statistical Yearbook. Lfd. Jg. Paris.

ZDF (Hg.): Jahrbuch 2008. Mainz.

Silvia Horsch

Die Verdrängung des Islams aus der europäischen Kultur – Nathan der Weise als Alternative?

Einleitung

Seit einigen Jahren können wir an zwei Debatten erleben, wie schwierig das Verhältnis Europas zum Islam ist. Die eine dreht sich um das muslimische Kopftuch, die andere um den EU-Beitritt der Türkei. Im Verlauf beider wurde von verschiedenen Stimmen eine kulturelle Grenze zwischen dem Islam und Europa konstatiert. So hält der Historiker Ulrich Wehler die Türkei aufgrund einer „Kulturgrenze" für nicht in die EU und die Türken für nicht in die deutsche Gesellschaft integrierbar. („Die Türken werden in einer Religion groß, die spezifische Integrationsbarrieren bereitstellt.", Bollmann 2002) Sein Fachkollege Heinrich August Winkler meint, mit einem Beitritt der Türkei wäre die Idee Europas gestorben: „Dazu sind die kulturellen Prägungen der Türkei und Europas zu unterschiedlich." Und diese Unterschiede hätten etwas mit Islam und Christentum zu tun (Winkler 2002). Auch im so genannten „Kopftuchstreit" wurden die Traditionen Europas ins Feld geführt. So begründete z. B. der frühere Bundeskanzler, Gerhard Schröder, seine Meinung, das Kopftuch habe im Staatsdienst keinen Platz, folgendermaßen: „Wir sind beeinflusst von drei großen Traditionen: der griechisch-römischen Philosophie, der christlich-jüdischen Religion und dem Erbe der Aufklärung." (Schröder 2003) Der Islam kommt in dieser Aufzählung nicht nur nicht vor, sondern es wird impliziert, dass ihm die genannten Traditionen entgegenstehen – denn sonst wären sie ja kein Argument gegen das (islamische) Kopftuch.

Diese neuerliche Postulierung einer Kulturgrenze zwischen Islam und Europa fällt in eine Zeit, in der mit der Osterweiterung der EU die Frage nach den Grenzen Europas erneut diskutiert wird. Gerade weil Europa – zumindest im Osten – keine eindeutigen geographischen Grenzen hat, braucht man andere Kriterien, um es zu definieren, und an dieser Stelle kommen kulturelle Aspekte ins Spiel. Die Definition Europas erweist sich dabei als ein umkämpftes Feld: Es wird nach den Ursprüngen und dem Erbe gesucht, man beruft sich auf Wurzeln und Traditionen. Manche Traditionen werden eingeschlossen, andere ausgeschlossen, wie lange Zeit das Judentum, weitestgehend die Ostkirchen[1] und eben der Islam. Die Suche nach den Ursprüngen ist immer dann besonders intensiv, wenn es um die Zukunft geht, und hier geht es um die Frage der Zukunft des Islams und der Muslime in Europa. Europas Wurzeln sind also eine hochpolitische Angelegenheit, und deshalb gibt es so unterschiedliche Vorstellungen davon.

Eine Zwischenbemerkung ist notwendig: Wenn ich hier von Europa spreche, ist eigentlich nur Westeuropa gemeint, denn in Ost- und Südost-Europa gibt es eine durch die Jahrhunderte kontinuierliche Existenz von muslimischen Bevölkerungsgruppen. Betrachtet man Gesamteuropa, so leben dort 52 Millionen Muslime (ORF 2006). Darin ist der europäische Teil der Türkei eingeschlossen, aber noch mehr Muslime als dort leben in Russland, nämlich 25 Millionen. Im Nordkaukasus reicht die Geschichte des Islams fast 1.300 Jahre zurück. An die Muslime in Ost- und Südosteuropa wird jedoch selten gedacht, wenn man vom Islam in Europa spricht. Die Probleme, die sich in Westeuropa mit der Einwanderung von muslimischen Arbeitsmigranten stellen, spielen dort aufgrund der jahrhundertelangen Koexistenz keine Rolle. Dies zeigt sich u. a. daran, dass es vergleichbare Kontroversen um Moscheebauten wie in Deutschland nicht gibt. Die größte Moschee Russlands und wahrscheinlich auch Europas wurde 1995 erbaut, die Kul-Scharif-Moschee in Kasan (Abb. 1). Mit der benachbarten Mariä-Verkündigungs-Kathedrale gilt sie als Symbol für das friedliche Zusammenleben der muslimischen und orthodoxen Bevölkerung von Tatarstan. Die Erfahrungen Osteuropas mit interreligiöser Koexistenz müssten eigentlich viel besser genutzt werden. Dafür hätte sich nach 1990 eine Chance geboten, aber stattdessen ist der Islam nach dem Ende des Ost-West-Konflikts in mancher Hinsicht als „Ersatzfeind" an die Stelle des Kommunismus getreten (vgl. Schulze 1991). Auch hat der Krieg auf dem Balkan, der von vielen im Sinne des Kulturkampf-Paradigmas gedeutet wurde, die Nutzung dieser Chance erschwert.

Doch zurück zu (West-)Europa: Andere Historiker als die eingangs zitierten kommen zu anderen Ergebnissen in Bezug auf die Bedeutung des Islams für Europa. Zuletzt hat Michael Borgolte auf die enge Verflechtung der drei monotheistischen Religionskulturen im europäischen Mittelalter hingewiesen (Borgolte 2006)[2], und darauf, dass der Islam „schon immer zur europäischen Kultur gehörte" (Bollmann 2008). Vor diesem Hintergrund sieht er in der Rückkehr des Islams nach Europa auf dem Wege der Migration – sehr unaufgeregt – nur die Wiederherstellung des Normalfalls, nämlich des religiösen Pluralismus.

Abbildung 1: Kul-Scharif-Moschee in Kasan, erbaut 1995.
Foto: Mirko Windhoff

Dass Muslime auch die westeuropäische Kultur mitgeprägt haben, und damit der Islam aus den europäischen Traditionen nicht ausgeschlossen werden kann, ist angesichts der historischen Fakten gar nicht anders vorstellbar: Spanien war in unterschiedlicher Ausdehnung vom 8. bis ins 15. Jahrhundert unter muslimischer Herrschaft. Insgesamt lebten Muslime dort über 900 Jahre bis die Inquisition, die nach dem erfolgreichen Ende der Reconquista einsetzte, sie zusammen mit den Juden vertrieben oder getötet hatte. Auch über Sizilien haben Muslime einen nachhaltigen Einfluss auf die europäische Kultur ausgeübt. 827 übernahmen aus dem heutigen Tunesien kommende Araber die Vorherrschaft in Sizilien, bis sie im 11. Jahrhundert von den Normannen abgelöst wurden. Unter ihnen und den nachfolgenden Staufern hatte Sizilien immer noch einen hohen Anteil an Muslimen in der Bevölkerung. Die wissenschaftlichen und kulturellen Leistungen, die in diese Zeit fallen, sind bekannt und können hier nicht im Einzelnen angeführt werden (siehe dazu Watt 2002). Es sollen an dieser Stelle daher aus Gründen, die jeweils deutlich werden, nur zwei Bereiche genannt werden.

Architektur

Die Moschee von Córdoba (Abb. 2) fällt neben der al-Hambra sicherlich vielen als erstes ein, wenn sie an al-Andalus, das muslimisch geprägte Spanien des Mittelalters denken. Dabei wird häufig übersehen, dass gerade eines der Elemente, die als charakteristisch für die maurische Architektur gelten – der Hufeisenbogen – eine Übernahme von den Westgoten darstellt. Diese Architektur ist damit ein gutes Beispiel für die Kulturverschmelzung, die in den meisten Gebieten des islamischen Spaniens eine homogene hispano-arabische Kultur ausgebildet hat. Diese Kultur bestreitet den Mythos, dass es sich um eine fast 800 Jahre dauernde „Fremdherrschaft“ handelte, von der sich die „alteingesessenen“, christlichen Spanier dann mit der Reconquista endlich wieder befreit haben. Die Muslime waren genauso Spanier wie die Christen und Juden, sie waren europäische Muslime.

Abbildung 2: Mezquita de Córdoba, Betsaal mit Hufeisenbögen.
Foto: John Cody

Philosophie

Die Philosophie des Mittelalters wird noch einmal eine Rolle spielen, wenn es um *Nathan der Weise* geht. Die griechische Philosophie wurde in Europa durch muslimische Philosophen in Andalusien vermittelt. Diese waren nicht nur bloße Übermittler - wie manchmal behauptet wird - sondern sie haben das griechische Denken weiter entwickelt und um neue Fragestellungen bereichert. Der Wichtigste von ihnen war Ibn Ruschd oder Averroes (vgl. Rudolph 2004: 70-76). Sein großes philosophisches Thema war die Vereinbarkeit von Religion und Philosophie, von Vernunft und Offenbarung. Er vertrat die Meinung, dass der Koran den Gläubigen mit der Aufforderung zum Nachdenken geradezu den Auftrag zur Philosophie gibt. Berühmt wurde er vor allem durch seine Aristoteles-Kommentare, daher sein Beiname „der Kommentator". Sein Einfluss auf die lateinische Philosophie des Mittelalters war immens, seine Kommentare wurden an allen Universitäten verwendet. Auch die Arbeit seiner Gegner, zu denen vor allem Thomas von Aquin zählt, kann man sich ohne die Leistungen von Ibn Ruschd nicht vorstellen. Frieder Otto Wolf, Privatdozent für Philosophie an der Freien Universität Berlin, sagt auch deshalb: „Ohne die islamische Philosophie hätte es weder Scholastik noch Aufklärung geben können" und kommt zu dem Schluss: „Der Islam ist nichts der europäischen intellektuellen Tradition Äußerliches, sondern er gehört selbst wesentlich zu unserem westeuropäischen Kulturerbe" (Wolf 2000).

Eine Kulturgrenze zwischen Islam und Europa anzunehmen, entbehrt historisch gesehen jeder Grundlage. Es handelt sich vielmehr um eine Konstruktion, die nur deshalb funktionieren kann, weil der Islam aus der europäischen Kultur und Geschichte verdrängt wurde. Diese Verdrängung fand einmal im Sinne von Vertreibung statt, als die muslimische Präsenz in (West-) Europa faktisch endete und noch einmal als Verdrängung im kulturellen Gedächtnis, indem diese Epoche zu einer Zeit der Fremdherrschaft umgedeutet wurde. Mit diesem Verdrängungsprozess einher geht die Stilisierung des Islams zum „Anderen" Europas. Dem Islam wurde ab einer bestimmten Zeit die Rolle eines Gegenbildes zugeschrieben. Denis Guénon beschreibt diesen Prozess in seinen *Hypothèses sur l'Europe*: „Europa macht sich seine Vorstellung von sich selbst im Angesicht des Islam" („L'Europe se figure face à l'Islam", Guénon 2000: 62).

Dies geschah zu der Zeit, in der sich so etwas wie ein (west-)europäisches Bewusstsein überhaupt erst entwickelte. Für das 8. und 9. Jahrhundert gibt es kaum Belege dafür, dass es einen tiefgreifenden Gegensatz zwischen Muslimen und Christen in Spanien gegeben hätte. Das änderte sich mit der Reconquista und den Kreuzzügen, in deren Zusammenhang ein einseitig negatives Islambild entwickelt wurde, das als Gegenbild zum christlichen Europa funktionierte: „Die Idee des religiösen Konflikts (zwischen Islam und Christentum) haben erst französische Kreuzfahrer im 11. Jahrhundert dorthin (nach Spanien) getragen." (Bollmann 2008) Das negative Islambild wurde nicht nur in Schriften und Predigten vermittelt, sondern auch über die Kirchenkunst, wie der Künstler und Religionswissenschaftler Claudio Lange in einer Ausstellung im Museum für Islamische Kunst in Berlin (2003) gezeigt hat (Lange 2004). An und in zahlreichen romanischen Kirchen des Mittelmeerraumes hat er anti-islamische Skulpturen gefunden und dokumentiert (Abb. 3). Diese zeigen eine „ikonographische Typologie des Feindes im elften Jahrhundert (...), die für die politische und kulturelle Identität des christlichen Europas bis heute von zentraler Bedeutung ist" (Lange 2003).

Montgomery Watt hat in seinem Buch über den Einfluss des Islams auf das europäische Mittelalter drei Elemente in diesem negativen Islambild hervorgehoben, denen jeweils ein positiver Aspekt in der Selbstsicht entspricht (Watt 2002: 101 ff):

1. Der Islam ist eine bewusste Verkehrung der Wahrheit (gegenüber der Wahrheit des Christentums);
2. Der Islam ist eine Religion der Gewalt und des Schwertes (gegenüber dem friedliebenden Christentum);

3. Der Islam ist eine Religion der hemmungslosen Genusssucht und Sexualität (gegenüber dem moralischen Christentum).

Abbildung 3: Gefesselte Muslime als Atlanten.
Portal Oloron-Sainte-Marie (P. Atlantiques), Frankreich, 12. Jh.
Foto: Dr. Claudio Lange

Was zum „Anderen" geworden ist, kann nicht zugleich Teil der eigenen Tradition sein, sondern muss verdrängt werden. Dieser Verdrängungsprozess ist nicht immer so leicht erkennbar, wie in dem Bildmotiv „Der Triumph des Hl. Thomas von Aquin über Averroes", das von verschiedenen Renaissance-Malern gestaltet wurde, wie von Benozzo Gozzoli (15. Jh.), Andrea Bonaiuto (14. Jh.) und Giovanni di Paolo (15. Jh.). Die Verdrängung wird in dieser Darstellung geradezu ins Bild gesetzt – Ibn Ruschd fällt beinahe aus dem

Rahmen. Das Motiv offenbart jedoch auf eigentümliche Weise das, was es bestreitet: dass Thomas von Aquin seine Synthesen ohne die Auseinandersetzung mit den Schriften des Ibn Ruschd nicht hätte entwickeln können.

In der Rede von Papst Benedikt im September 2006 (Benedikt XVI. 2006) ging diese Verdrängung der islamischen Philosophie etwas subtiler vonstatten: Indem er den byzantinischen Kaiser Manuel II. zitierte, um die Verbindung von griechischer Vernunft und christlichem Glauben zu belegen – also einen Vertreter des *östlichen* Christentums wählte – war es ihm möglich, von der islamischen Philosophie zu schweigen, die für das westliche, lateinische Christentum gerade den *missing link* zwischen beidem darstellt. Diese beachtliche Verdrängungsleistung ist im Fall des Papstes gewissermaßen aus Berufsinteresse verständlich, sie lässt sich aber auch im Bereich der Wissenschaften beobachten. In der Literaturwissenschaft wird z. B. der Einfluss arabisch-islamischer Quellen auf Dantes „Göttliche Komödie" kaum berücksichtigt, auch wenn entsprechende Studien seit langem vorliegen (vgl. Trojanow & Hoskoté 2007). Bis heute wird auch die Möglichkeit abgewehrt, dass der Ursprung für das Wort *Troubador* im arabischen *taraba* liegen könnte, das u. a. „singen" bedeutet. Stattdessen konstruierte man lieber eigens ein nicht belegtes lateinisches Wort (zu dieser Diskussion siehe Menocal 1987: ix-xv).

Mit diesem „Mechanismus des Ausschlusses" (Kermani 2005: 254) konstruiert Europa sich selbst, wobei der Ausschluss zu einem doppelten wird, wenn er seinerseits verdrängt wird und der Eindruck entsteht, Europa sei etwas, das sich ganz unabhängig vom Islam entwickelt habe. Gil Anidjar schreibt dazu in seinem Buch *The Jew, the arab. A history of the enemy:* „Europa versteckt sich vor sich selbst, wenn es behauptet einen Namen und ein Gesicht unabhängig vom Islam zu haben." (Anidjar 2003: xxii)

Im Mittelalter und der frühen Neuzeit beruhte die Figuration des Islams als das „Andere" Europas auf dem Gegensatz zwischen Christentum und Islam, der in der Kreuzzugspropaganda hergestellt und in den Türkenkriegen neu belebt wurde. Die Aufklärung, zu deren Ziel es gehörte, überkommene Vorurteile der Kritik zu unterziehen, hätte ihrem eigenen Anspruch nach an diesem Islambild etwas ändern können. Tatsächlich gab es Entwicklungen, die in die richtige Richtung wiesen: Es begann eine wissenschaftliche Beschäftigung mit dem Islam, die sich von theologischen Deutungsmustern löste. Insgesamt muss man jedoch feststellen, dass einflussreiche islamfeindliche Paradigmen des Mittelalters bestehen blieben. Dies zeigt u. a. ein

Werk, das im 18. Jahrhundert weit verbreitet war: *The true nature of imposture fully displayed in the Life of Mahomet* („Die wahre Natur des Betruges, vollständig dargestellt (am Beispiel) des Lebens von Muhammad") von Humphrey Prideaux, einem englischen Geistlichen, 1697 geschrieben (1718 war bereits die siebte Auflage dieses Werks erschienen, es wurde ins Französische, Deutsche und Niederländische übersetzt). Der Islam wird im gesamten Werk schlichtweg als „der Betrug" bezeichnet und als eine Strafe Gottes für die Christen angesehen.

Eine andere problematische Tendenz hat die Aufklärung erst hervorgebracht: Wie Edward Said beschrieben hat, hat die säkularisierende Tendenz der Aufklärung die alten religiösen Muster nicht einfach abgeschafft, sie wurden vielmehr „rekonstruiert, wieder angewendet; in dem säkularen Rahmen neu verteilt." (Said 1981: 139) Vor dem Hintergrund des veränderten Selbstbildes, das die Vernunft ins Zentrum rückt, kam es auch zu einer Änderung im Bild des Anderen, dessen Fehler nun weniger der falsche Glaube, als die mangelnde oder fehlende Vernunft ist (vgl. Hentges 1999). Der Islam wird dabei – z. B. in Schriften von Voltaire, Bayle, Montesquieu zum Paradigma des Fanatismus – und dies ist eine Zuschreibung, die bis heute wirksam ist (vgl. Horsch 2004: 19-28).

Das Wirken Lessings und Nathan der Weise als Alternative

Lessing stellt unter den Autoren der Aufklärung eine bemerkenswerte Ausnahme dar. Er hat sich wie kein anderer deutscher Autor des 18. Jahrhunderts sowohl kulturgeschichtlich als auch theologisch auf den Islam eingelassen. Mit dem Islam hat er sich nicht nur während der Arbeit an *Nathan der Weise* beschäftigt, er war für ihn ein lebenslanges Thema (vgl. Kuschel 1998). Als 25-jähriger übersetzte Lessing zwei Bände von Marignys *Geschichte der Araber zur Zeit der Califen* (1754). In der Vorrede zu seiner Übersetzung nennt er die Namen der wichtigsten Autoren der damaligen beginnenden Orientalistik und zeigt damit seine Vertrautheit mit der Forschung zum Islam. Gelesen hat er unter anderem Werke von Edward Pocock (1604-1691), Professor für Arabisch in Oxford und Bartholomé d'Herbelot (1625-1695), dem Herausgeber der *Bibliothèque Orientale* (1697). Besonders wichtig für ihn war die Schrift *De religione Mohammedica* (1705) von Adrian Reland (1676-1718), Professor der orientalischen Sprachen in Utrecht und die

Koranübersetzung von George Sale (gest. 1736), einem englischen Anwalt. Als einflussreich muss man auch Lessings persönliche Freundschaft mit dem Orientalisten Johann Jacob Reiske einschätzen, der dem reduktionistischen und essentialisierenden Ansichten vieler seiner Fachkollegen ein sachliches und dialogisches Modell des Umgangs mit dem Islam entgegen stellte und damit eine Art „Orientalismus-Kritik avant la lettre" (Loop 2005: 80) entwickelte.

Lessing kannte aber auch Schriften, die den Islam und seinen Propheten in ein sehr ungünstiges Licht setzten, dazu gehört neben dem erwähnten Werk von Prideaux eine Abhandlung von Voltaire, die er als 21-jähriger übersetzt hatte: *Von dem Korane und Mahomed*. Muhammad wird darin als ein „erhabener und verwegener Marktschreyer, der Koran als ein „Mischmasch, ohne Verbindung, ohne Ordnung und ohne Kunst" und die Araber als ein räuberisches Volk beschrieben (Lessing 1882: 131,132).

Von derartigen Einschätzungen setzt sich Lessing in der Rezension seiner eigenen, anonym erschienenen Übersetzung von Marigny deutlich ab. Er schreibt 1753 in der Berlinischen Privilegierten Zeitung:

> *„Seit dem Verfalle des römischen Reiches, verdient wohl die Geschichte keines einzigen Volkes mit mehrerm Recht bekannt zu sein, als die Geschichte der arabischen Muselmänner; sowohl in Betrachtung der großen Leute welche unter ihnen aufgestanden sind, (...), als in Ansehung der Künste und Wissenschaften, welche ganze Jahrhunderte hindurch den schönsten Fortgang unter einem Volke genossen, welches uns unsre Vorurteile gemeiniglich als ein barbarisches Volk betrachten lassen."* (Lessing 1989 ff, Bd. II, 487.)

Lessing betont, dass die islamische Geschichte ebenso wichtig und lehrreich sei wie die griechische oder römische. Interessanterweise spricht er im Zusammenhang mit den Muslimen und ihren Leistungen in den Wissenschaften von „Aufklärung":

> *„Der Anfang einer so wichtigen Epoche für den menschlichen Verstand, der sich plötzlich unter ungesitteten kriegerischen Völkern aufzuklären anfing, so daß sie in kurzem ebenso viele Gelehrte als Helden aufzuweisen hatte, wird nicht anders als mit vielem Vergnügen gelesen werden können."* (Lessing 1989 ff, Bd. II, 507)

Hier wird bereits deutlich, dass Lessing bei seinem Lesepublikum Vorurteile voraussetzt, gegen die er anschreiben will – ähnlich wie er es auch für das

Judentum getan hat. 1754 äußert sich Lessing zum ersten Mal in einer eigenen Schrift zum Islam, der *Rettung des Hier. Cardanus*. Hieronymus Cardanus, ein Universalgelehrter der Renaissance, hatte 1550 ein Buch veröffentlicht, in dem er einen Götzendiener, einen Juden, einen Christen und einen Muslim über die wahre Religion streiten lässt. Am Ende siegt natürlich der Christ – und das gefällt Lessing überhaupt nicht. Er wirft Cardanus vor, er sei mit den anderen Religionen nicht aufrichtig verfahren, und zwar insbesondere nicht mit dem Islam. Cardanus hätte sich erst einmal richtig mit dem Islam auseinandersetzen müssen, bevor er diesen Religionsvergleich anstellt. Und dann stellt Lessing seinen eigenen Religionsvergleich an und lässt einen Muslim auftreten, der den Islam folgendermaßen darstellt:

> *„Wirf einen Blick auf sein (Muhammads) Gesetz! Was findest Du darinne, das nicht mit der allerstrengsten Vernunft übereinkomme? Wir glauben an einen einzigen Gott: wir glauben eine zukünftige Strafe und Belohnung, deren eine uns, nach Maßgebung unserer Taten gewiß treffen wird. Dieses glauben wir, oder vielmehr, (...) davon sind wir überzeugt, und sonst von nichts."* (Lessing 1970 ff, Bd. VII, 24 f)

Der Lessingsche Muslim lässt den Islam zu einer Ausdrucksform der natürlichen Religion werden. Die natürliche Religion war ein zeitgenössisches Konzept der Deisten, das die christliche Lehre an das Denkmodell des Rationalismus anpassen und vom Offenbarungsgedanken lösen sollte. Verbunden ist es mit Bibel- und Kirchenkritik, und diesen kritischen Impetus nimmt Lessing auf, wenn er den Islam als natürliche Religion präsentiert.

Die Darstellung des Islams ist also strategisch und entspricht nicht dem islamischen Selbstverständnis. Allerdings geht er mit der Betonung der Vernunftgemäßheit dieser Religion auch nicht völlig daran vorbei: Der Topos, „daß Gottes Worte und Taten nicht nur geglaubt werden müssen, sondern daß sie einsichtig sind" (Colpe 1989: 23), durchzieht den gesamten Koran. Lessings Zugang zum Islam ist dadurch geprägt, dass er etwas Eigenes im Anderen wieder findet: Er stößt in der Beschäftigung mit dem Islam auf Fragestellungen, die ihn selbst umtreiben. Das ist zum einen die Toleranz-Thematik und zum anderen das Verhältnis von Vernunft und Offenbarung.

Nathan der Weise

Zum letzten Mal beschäftigt sich Lessing mit dem Islam in *Nathan der Weise* (1779). Der Schauplatz des *Nathan* ist Jerusalem, und Jerusalem gilt neben Athen als Quelle der europäischen Kultur. Während Athen für Philosophie, Ästhetik und Wissenschaft steht, steht Jerusalem für die christliche und/oder jüdische Religion.[3] Obwohl Jerusalem auch eine lange islamische Geschichte hat und diejenige Stadt ist, die allen drei monotheistischen Religionen als heilige gilt, gerät der Islam nicht in den Blick, wenn von Jerusalem als Ursprungsort Europas die Rede ist.[4]

Auf zwei Punkte möchte ich an dieser Stelle eingehen: Mit der Wahl des Schauplatzes und der Figuren trägt Lessing auch der Tatsache Rechnung, dass alle drei Religionskulturen an der europäischen Kulturgeschichte Anteil haben. Der zweite Punkt ist die Einschreibung des Korans als Intertext in die Ringparabel, die poetische Formulierung der Toleranzidee in der Aufklärung.

Die Figur des Saladin

Dass Lessing mit der Figur des Saladin einen aufgeklärten muslimischen Herrscher auf die Bühne stellt, ist häufig beschrieben, wenn auch seltener inszeniert worden. Lessing ist in der Konzeption des Sultans stark von Voltaire beeinflusst, der Saladin in seiner *Geschichte der Kreuzzüge* als Philosophen auf dem Fürstenthron beschrieben hat (Lessing übersetzte diesen Text zusammen mit *Von dem Korane und Mahomed* 1752). In dieser Rolle stellt Lessing Saladin (1137-1193) in die Tradition der islamischen Philosophie – und zwar der europäischen. Den entscheidenden Hinweis gibt die geplante und zu Lebzeiten unveröffentlichte Vorrede zum *Nathan*: Es gehe um Menschen, schreibt Lessing, die sich über alle geoffenbarte Religion hinweggesetzt haben und doch gute Leute gewesen wären, solche habe er zur Zeit der Kreuzzüge nur „unter Juden und Muselmännern gefunden", weil „Juden und Muselmänner damals die einzigen Gelehrten waren." (Lessing 1989 ff, Bd. IX, 655 f)

Wenn Lessing von muslimischen Gelehrten zur Zeit der Kreuzzüge spricht und dabei die Problematik von Vernunft und Offenbarung im Blick hat, muss man an die muslimischen Philosophen Andalusiens denken. Und hier kommen wir zurück zu Ibn Ruschd (1126-1198), der wie sein Lehrer Ibn Tufail (gest. 1185) Zeitgenosse Saladins war. Zu den wichtigsten Problemen beider gehörte das Verhältnis von Philosophie und Religion. Bei den genannten jüdischen Gelehrten ist vor allem an den ebenfalls aus Andalusien stammenden Philosophen Maimonides (Moses ben Maimon, 1135-1204) zu denken, der oft mit Lessings weisem Nathan verglichen wurde. Maimonides war in Ägypten zeitweilig der Leibarzt einer der Wesire Saladins. Er trug entscheidend dazu bei, dass die muslimische Philosophie im 13. und 14. Jahrhundert von den Juden Spaniens und Frankreichs rezipiert wurde, welche sie an das christliche Europa weiter vermittelten.

Inwieweit Lessing mit den Vorstellungen der islamischen Philosophie im Einzelnen vertraut war, lässt sich (noch) nicht rekonstruieren, bekannt ist jedoch sein Interesse an der Geschichte von al-Andalus: Er plante einen vierten Band zu der erwähnten *Geschichte der Araber* von Marigny selbst zu schreiben, der eine Epoche des muslimischen Spaniens behandeln sollte.[5] Und man weiß, dass er das Hauptwerk von Ibn Tufail, dem Lehrer Ibn Ruschds, gelesen hatte: Im Mai 1763 bedankte sich Moses Mendelssohn in einem Brief an Lessing für ein Buch, das ihm dieser übermittelt hatte: Der *Philosophus autodidactus*, die lateinische Übersetzung von *Hayy Ibn Yaqzan* (Lessing 1989 ff, Bd. XI/1, 388). Dieses Werk wurde 1671 zum ersten Mal ins Lateinische übersetzt und erfreute sich bei den Gelehrten der Aufklärung großer Beliebtheit: Unter anderem haben Leibniz, Spinoza und John Locke es gelesen (vgl. Russel 1994). Lessings Freund Friedrich Nicolai verlegte 1783 die zweite deutsche Übersetzung und es ist zu vermuten, dass Lessing ihn auf dieses Buch aufmerksam gemacht hat.

Wenn man den Inhalt des Werkes betrachtet, wird schnell deutlich, was daran für die Aufklärer interessant war: Es handelt sich um einen philosophischen Roman, der die Geschichte eines Mannes erzählt, der als Säugling auf einer einsamen Insel ausgesetzt wird und nur durch seine Vernunft, Beobachtung und Erfahrung zur Erkenntnis Gottes gelangt. Der Roman behandelt auch die Frage nach dem Verhältnis von Vernunft und Offenbarung, die als zwei unterschiedliche Wege zur gleichen Wahrheit dargestellt werden.

Die Frage nach dem Verhältnis von Vernunft und Offenbarung verbindet die Philosophen Andalusiens und die Denker der Aufklärung. Auch Lessing hat sich in seinen theologiekritischen Schriften mehrfach mit dieser Frage auseinander gesetzt, und es zeigt sich, dass er im *Philosophus Autodidactus* eigene Überlegungen wieder findet oder zu solchen angeregt wurde: Im Jahr der Übermittlung des Buches an seinen Freund entsteht die Schrift *Über die Entstehung der geoffenbarten Religion* (1763), in der sich einige Gedanken aus dem *Philosophus Autodidactus* wiederfinden (vgl. Best 1980: 127 ff). Muslime wie Juden erscheinen damit im Werk Lessings als Partner im gemeinsamen Bemühen um Aufklärung – nicht als Bedrohung oder das irrationale „Andere".

Islamische Quellen für die Ringparabel

Moses Mendelssohn schreibt in seinen Morgenstunden über Lessing: Vor ihm habe man in der Toleranzdebatte der Aufklärung an „Heiden, Juden, Mahometaner und Anhänger der natürlichen Religion entweder gar nicht oder höchstens in der Absicht gedacht, um die Gründe für die Toleranz problematischer zu machen." (Mendelssohn 1985 ff, Bd. VIII, 3). Lessing hat demnach den Islam in die Toleranzdebatte erst eingeführt.

In der Ringparabel wird der Toleranzgedanke pointiert formuliert. Die Geschichte ist bekannt: Auf die Fangfrage Saladins, welche Religion die beste sei, antwortet Nathan mit der Geschichte von den drei Ringen: Der Ring, der in jeder Generation vom Vater an den Sohn weitergegeben wurde, den er am meisten liebte, wird schließlich verdreifacht, weil ein Vater seine drei Söhne gleich liebte. Damit hat er jedoch zugleich ein Problem in die Welt gesetzt – die Frage nach dem echten Ring, nach der wahren Religion. Während Lessing diesen Teil der Geschichte seinen Quellen, vor allem dem *Decamerone* von Boccaccio, entnehmen konnte, stammt der Rat des Richters, vor den die drei Brüder ihre Sache schließlich bringen, von ihm selbst.

Es strebe jeder um die Wette,
Die Kraft des Steins in seinem Ring' an Tag
Zu legen! komme dieser Kraft mit Sanftmut,
Mit herzlicher Verträglichkeit, mit Wohltun,
Mit innigster Ergebenheit in Gott,
Zu Hülf! Und wenn sich dann der Steine Kraft
Bei euern Kindes-Kindeskindern äußern:
So lad' ich über tausend tausend Jahre,
Sie wiederum vor diesen Stuhl. Da wird
Ein weisrer Mann auf diesem Stuhle sitzen,
Als ich; und sprechen.

Selten vergeht eine Diskussion über Toleranz, in der nicht irgendwann die Ringparabel zitiert wird. Umso erstaunlicher ist es, dass bis vor kurzem die islamischen Quellen der Ringparabel nicht bekannt waren. Erst 1996 hat Friedrich Niewöhner einen Gedanken aufgegriffen, der bereits 1850 schon einmal formuliert worden war, und zwar im *Stuttgarter Morgenblatt für gebildete Leser*. In dem Artikel mit dem Titel „Der Grundgedanke von Lessing's Nathan schon im Koran" zitiert der anonyme Autor einen Koranvers, der in einer neueren Übersetzung lautet:

> *„Jedem von euch gaben Wir ein Gesetz und einen Weg. Wenn Gott gewollt hätte, hätte Er euch zu einer einzigen Gemeinde gemacht. Doch Er will euch in dem prüfen, was Er Euch gegeben hat. Darum wetteifert um die gottgefällig guten Taten. Zu Gott ist eure Heimkehr allzumal und Er wird euch dann darüber aufklären, worüber ihr uneins seid."* (Koran, Sure 5, Vers 48)[6]

Wie unschwer zu erkennen ist, finden sich hier zwei wichtige Motive der Ringparabel: Der Wettstreit im guten Handeln und die Entscheidung des letzten Richters.

Eine zentrale Formel, die nicht nur im Richterrat auftaucht, sondern noch an anderen Schlüsselstellen des Dramas ist die Rede von der „Ergebenheit in Gott." Man hat für diese Formel jüdische, christliche und andere Bezüge gefunden, aber es hat exakt 217 Jahre gebraucht, bis man entdeckt hat, dass „Ergebenheit in Gott" nichts anderes ist, als die wörtliche Übersetzung des arabischen Wortes *islâm*. Es war wiederum Friedrich Niewöhner, der 1996 in seinem Zeitungsartikel in der FAZ darauf aufmerksam gemacht hat (Niewöhner 1996).

Weil diese Bezüge jedoch nicht bekannt sind, geht kaum jemand darauf ein – ja, die Ringparabel kann sogar gegen den Islam und die Muslime gewandt werden, wie es der brandenburgische Innenminister Schönbohm in einem Artikel für die Welt im Jahr 2004 vorgemacht hat. In seinem Beitrag, der die gescheiterte Integration der Muslime in Deutschland beklagt, schreibt er:

> *„Lessings Ringparabel, das Lehrstück der europäischen Aufklärung, findet sich natürlich nicht im Lehrplan der diversen Koranschulen in Deutschland. Dort wird vielmehr häufig gepredigt, dass man den richtigen der drei Ringe aus dem väterlichen Erbe am sichersten erlangen könne, indem man seinen beiden Brüdern den Schädel einschlägt und ihnen ihre Ringe von den Fingern schneidet."* (Schönbohm 2004)

Auf solche Weise wird der Begriff der Aufklärung in vielen Debattenbeiträgen zum Umgang mit Muslimen in Europa in einer aggressiv-kulturkämpferischen Zuspitzung eingesetzt. Wir – die Europäer – haben die Aufklärung schon hinter uns, sie – die Muslime – haben sie noch vor sich. Aufklärung wird so zu einer „Grenzmarkierung" (Bielefeld 2008: 19) zwischen dem Eigenen und dem Anderen und der Anspruch der Aufklärung in sein Gegenteil verkehrt. Heiner Bielefeld, der Direktor des Instituts für Menschenrechte, hat vor diesem Hintergrund in einem Essay über das Islambild in Deutschland festgehalten, dass ein Verständnis von Aufklärung „als *unabgeschlossene* (Hervorhebung S. H.) gesamtgesellschaftliche Lerngeschichte" (Bielefeld 2008: 8) eine der Voraussetzungen für einen angemessenen Umgang mit dem Islam und eine aufgeklärte Diskussionskultur sind.

Die Botschaft des *Nathan* – die Zusammengehörigkeit aller Menschen über die Grenzen der Religionen hinweg und die Toleranzforderung – ist schon öfter für tot erklärt worden. Vor dem Hintergrund der Erfahrung zweier Weltkriege, der Shoah, des Bürgerkriegs auf dem Balkan, des Nahostkonflikts und zuletzt des Terrors islamistischer Extremisten und dem daraufhin erklärten „Kampf gegen den Terrorismus", der nicht nur Terroristen sondern ganze Länder mit Krieg überzogen hat, scheint sich die Einsicht aufzudrängen, dass Lessing mit seiner Toleranzbotschaft *zuviel* verlangt: Ein Regisseur der zahlreichen *Nathan*-Inszenierung nach den Anschlägen vom 11. September 2001 drückte dies so aus: „Eine sehr große Toleranz, eine nicht lebbare Toleranz aber auch. Das ist die Tragik!" (Call 2001)

Aber gerade, dass der Nathan in den Jahren nach dem 11. September so häufig inszeniert wurde, spricht dafür, dass die Botschaft durchaus nicht tot ist. Dabei sind die Inszenierungen jedoch durchaus zwiespältig. Oftmals ließ sich feststellen, dass Saladin in einer Art und Weise dargestellt wurde, die die Verdrängung des Islams aus unserer Kultur fortschreibt. Karl-Josef Kuschel hat die Inszenierungen des Nathan nach dem 11. September untersucht und festgestellt, dass die meisten Inszenierungen auf deutschsprachigen Bühnen nicht über eine „operettenhafte Optik" bei Saladin hinauskamen und den Sultan entsprechend mit einem „Märchenprinzen-Turban-Kostüm" (Kuschel 2004: 17) ausstatteten. Angemessener als eine solche durch ihre Orientalisierung alterisierende Darstellung ist eine, die Saladin zu einem „von uns" macht, wie es z. B. in der Inszenierung von Klaus Hemmerle im Alten Schauspielhaus in Stuttgart 2007 der Fall war (Abb. 4).

Abbildung 4: „Nathan der Weise", Christoph Wieschke und Tina Eberhardt als Saladin und Sittah.
Foto: Jürgen Frahm

Vor dem Hintergrund gegenwärtiger Debatten über die Rolle des Islams in Europa verdienen zwei Aspekte Beachtung: Die gemeinsame Geschichte und die gemeinsame Aufgabe: Die Verwandtschaft aller mit allen, die sich am Ende des Stücks heraus stellt, kann auch im Sinn der engen Verflochtenheit der drei religiösen Traditionen gedeutet werden, die Europa geformt haben. In der Anerkennung der gemeinsamen Geschichte und ihrer Vermittlung an die heranwachsenden Generationen liegt eine der Voraussetzungen für eine gelungene Gegenwart: So, wie in Lessings *Nathan* Juden und Muslime als Partner im gemeinsamen Projekt der Aufklärung auftreten, können sich auch heute die Angehörigen unterschiedlicher Religionen und Weltanschauungen innerhalb einer Gesellschaft als Partner verstehen. Wenn der Islam in die europäische Geschichte angemessen einbezogen wird und die Muslime sich in die europäische Gegenwart konstruktiv einbringen können, wird nicht zuletzt auch Europa sich selbst besser verstehen lernen.

Eine Auseinandersetzung mit Lessings Verhältnis zum Islam als einen hilfreichen Beitrag zu einer aktuellen gesellschaftlichen Debatte zu verstehen, kann natürlich nicht bedeuten, Lessing in einer Weise zu „aktualisieren“, welche die tiefgreifenden politischen und gesellschaftlichen Veränderungen zwischen dem 18. und dem 21. Jahrhundert ignoriert. Der Islam war für Lessing eine rein intellektuelle Erfahrung, er hatte – anders als im Fall des Judentums – keinen Kontakt zu Angehörigen der Religion. Die Bedeutung des Islambildes eines Aufklärers ist jedoch insbesondere deshalb von Bedeutung, da sie die beschriebene Verwendung von „Aufklärung“ als Grenzmarkierung unterläuft.

Für einen aufgeklärten Umgang mit dem Islam

Die Wahrnehmung des Islams ist in starkem Maß von der Berichterstattung über negative Ereignisse geprägt – seien es Terroranschläge, „Ehrenmorde“ oder Schulprobleme von Jugendlichen aus Migrantenfamilien – die sehr häufig als „islamische“ Probleme diskutiert werden. Dies führt dazu, dass gewalttätige Jugendliche ebenso wie Mörder und Terroristen vor allem als Vertreter des Islams wahrgenommen werden. Heiner Bielefeld stellt in seiner Studie zum Islambild in Deutschland fest: „Bei der Beobachtung der öffentlichen Islamdebatte gewinnt man in der Tat den Eindruck, dass begriffliche Differenzierungen wie die zwischen Islam, Islamismus und Terrorismus zwar vielfach vorgenommen werden, oft aber eigentümlich folgenlos bleiben.“ (Bielefeld 2008: 14). Es ist daher nicht erstaunlich, dass repräsentative Umfragen große Vorbehalte gegenüber dem Islam in der Bevölkerung belegen, die sich häufig zu Angst, bisweilen zu offener Ablehnung steigern. Die Autoren einer Allensbach-Umfrage über die Einstellungen der Deutschen zum Islam schreiben 2006: „Die Vorstellungen der Deutschen über den Islam waren bereits in den vergangenen Jahren negativ, doch haben sie sich in der jüngsten Zeit noch einmal spürbar verdüstert.“ (Noelle & Petersen 2006: 5).

Anhand der Debatten über Integration und über den islamistischen Terrorismus lassen sich die Mechanismen, die diese Fehlwahrnehmungen hervorbringen, gut beschreiben. Mit der Fixierung auf den Islam als „Ursache“ geht die ebenso problematische Annahme eines zeitlosen „Wesens“ des Islams einher. Diese zeigt sich z. B. dann, wenn im Versuch, Terrorakte militanter islamistischer Gruppen zu erklären, Koranverse zitiert werden und diesen der Charakter von zeitlos gültigen Handlungsanweisungen zugeschrieben wird. Während für Christen selbstverständlich davon ausgegangen wird, dass sie die Bibel interpretieren (oder auch instrumentalisieren), scheint im Fall von Muslimen die Annahme zu sein, dass sie gewissermaßen mechanisch koranische Anweisungen in die Tat umsetzen. Doch selbstverständlich handelt es sich bei jedem Zugang zu den religiösen Texten um Interpretationen, auch und gerade bei dem extremistischer Gruppierungen. Eine extreme Interpretation erfolgt unter bestimmten historischen und politischen Rahmenbedingungen, zu denen u. a. die Wahrnehmung einer existentiellen Bedrohung durch einen aggressiven „Westen", vor allem aber staatliche Repressionen in den Heimatländern (vgl. Anderson 1997) gehören. Zu den Merkmalen dieser Interpretationen gehört gerade auch der Bruch mit der islamischen Tradition, der am deutlichsten an der Legitimierung des Selbstmordattentates zu erkennen ist: In der Scharia ist sowohl die Tötung von Nichtkombattanten, wie auch die Selbsttötung verboten. Für die Erklärung des Phänomens hilft also die Frage, ob der Islam „an sich" gewalttätig sei, nicht weiter.[7] Zu fragen ist vielmehr, welche Faktoren für die Radikalisierung eine Rolle spielen, die eine entsprechende Interpretation der religiösen Überlieferung erst hervorbringt.

Wichtig ist weiterhin eine angemessene Einordnung extremer Ausprägungen. Während etwa der Umstand, dass in Amerika, aber auch anderswo rechtsradikale christliche Gruppen existieren, von denen manche auch zu Terrorakten bereit sind,[8] nicht zu einem generellen Misstrauen gegenüber Angehörigen der christlichen Religion führt, scheint dies bei Terrorakten islamistischer Provenienz der Fall zu sein. Gegenüber dieser verallgemeinernden Wahrnehmung gilt es, den Umstand zu berücksichtigen, dass die meisten Opfer islamistischen Terrors Muslime sind, und dass diese militante Interpretation des Islams von der großen Mehrheit der muslimischen Gelehrten scharf verurteilt wird (vgl. Gerges 2005: 270). In muslimischen Bevölkerungen wird bisweilen ein hoher Grad an Zustimmung für die Ideologie Osama Bin Ladens vermutet, doch auch hier sprechen Umfragen eine andere Sprache: Eine Gallup-Umfrage vom März 2008, in deren Rahmen 50.000 Interviews mit Muslimen aus aller Welt geführt wurden, ergab eine ebenso eindeutige Verurteilung von Attentaten auf Zivilisten wie unter Amerikanern; Werte wie Meinungsfreiheit und Demokratie erhielten eine hohe Zustimmung (Esposito & Mogahed 2008).

In Deutschland kommt es oft zu einer problematischen Vermischung der Integrationsdebatte mit der Debatte über den Islam. Während die Integrationsschwierigkeiten z. B. russlanddeutscher oder italienisch stämmiger Jugendlicher in erster Linie auf soziale Ursachen zurückgeführt werden, wird bei Jugendlichen mit arabischen oder türkischen Wurzeln die Religion als Integrationshindernis in den Vordergrund gestellt. Damit soll nicht gesagt sein, dass religiöse Vorstellungen für gelungene oder misslungene Integration keine Rolle spielen. Religiöse Vorstellungen entwickeln sich jedoch auch in Abhängigkeit von gesellschaftlichen und politischen Rahmenbedingungen. Wenn Jugendliche die Erfahrung machen, dass sie aufgrund ihrer Herkunft und Religion Benachteiligungen ausgesetzt sind, liegt die Gefahr nahe, dass sie ihre Religion als eine Form des Protests kultivieren, in der sich „der Islam" dann vor allem durch das auszeichnet, worin ein Widerspruch zur als arrogant wahrgenommenen „westlichen" Kultur gesehen wird. Solche Prozesse lassen sich mit soziologischen Analysen von Jugendbewegungen besser verstehen, als mit einem Blick in den Koran.[9]

Doch ist auch diese Tendenz nur ein Ausschnitt aus der muslimischen Lebenswirklichkeit in Deutschland. Die Lebensstile, politischen Ansichten wie auch das Religionsverständnis von Muslimen sind ebenso divergent wie bei Angehörigen der Mehrheitsgesellschaft. In Bezug auf die Zustimmung zur Demokratie ist nicht der Grad der Religiosität, sondern der der Bildung entscheidend, wie ein Ergebnis einer Studie des BMI von 2007 zeigt: „Je höher die Bildung, desto geringer die Demokratiedistanz." (Brettfeld & Wetzels 2007: 147)[10] Zwar trifft es zu, dass unter Muslimen Religion im Allgemeinen einen höheren Stellenwert einnimmt und die religiöse Praxis stärker ausgeprägt ist, als in der Gesamtbevölkerung, (Brettfeld & Wetzels 2007: 492) doch liegt darin keine Gefährdung des gesellschaftlichen Friedens – möglicherweise ist sogar das Gegenteil der Fall, wie ein Ergebnis des Religionsmonitors 2008 der Bertelsmann Stiftung nahe legt: Demnach sind hochreligiöse Muslime gegenüber anderen Religionen besonders aufgeschlossen (Religionsmonitor 2008).[11]

Eine differenzierte Sicht auf die unterschiedlichen Ausprägungen des Islams weltweit wie auf die in Deutschland lebenden Muslime wird nicht zuletzt durch die Konzeptionalisierung des Islams als das „Andere" Europas erschwert. Wenn es möglich wäre, den Islam stattdessen als Teil der eigenen Geschichte und einer gemeinsamen Gegenwart zu begreifen, könnten die – notwendigen – Auseinandersetzungen über bestimmte Phänomene und Probleme sehr viel aufgeklärter geführt werden.

1 Bereits im Mittelalter wurde Europa weitgehend mit „christianitas" identifiziert, die in der Regel auf die Gebiete der lateinischen Kirche beschränkt wurde. „Neuralgisch blieben die Zonen, wo sich Kontinents- und Konfessionsgrenzen im Osten und Südosten zur griechischen und russischen Orthodoxe hin überlagerten." (Helmrath 2007)

2 Die Wahl der altertümlichen Bezeichnung „Muselmanen" im Titel anstatt dem korrekten deutschen Wort „Muslime" ist freilich etwas unglücklich.

3 Eine Gegenüberstellung von Athen und Jerusalem, mit einer eindeutigen Ablehnung von Athen, findet sich schon bei Tertullian: „Was hat Athen mit Jerusalem zu schaffen? Was die Akademie mit der Kirche?" De praescriptione haereticorum, vii. (Die Prozesseinreden gegen die Häretiker, 204 n. Chr.) Jerusalem steht bei ihm für den christlichen Glauben. Matthew Arnold fasste im 19. Jahrhundert in seinem Essay Culture and Anarchy (1869) das Problem als Verhältnis von „Hebraism und Hellenism" (vgl. Bloom 1987: 109 ff). Bei Leo Strauss (Jerusalem and Athens, 1967) steht Athen für politische Philosophie und Jerusalem für Offenbarung, wobei die Rolle des Christentums für die Entwicklung der europäischen Kultur weitgehend vernachlässigt wird (Green 1997: 377-405).

4 Nach Rémi Brague kann man jedoch davon sprechen, dass bei Leo Strauss die islamische Tradition zumindest indirekt in den Blick kommt. Strauss, der sich mit der islamischen Philosophie ausführlich beschäftigte und drei Artikel zu al-Farabi geschrieben hat, lese Platon mit der Brille al-Farabis. Al-Farabi werde dabei als Erbe der antiken Weisheit zum Link zwischen Athen und Jerusalem (Brague 1998).

5 In einem Brief an seinen Vater schreibt Lessing: „Die Historie der Araber habe ich übersetzt. Es werden drei Teile, und den vierten werde ich selbst dazu machen, welcher von der Geschichte der Moraviden in Spanien handeln soll." (Lessing 1989 ff, Bd. II, 1162)

6 Leicht geänderte Übersetzung aus Der Koran. Aus dem Arabischen von Max Henning. Überarbeitet und herausgegeben von Murad Hofmann. München 2001.

7 In diesem Sinne vermitteln populärwissenschaftliche Arbeiten ein Bild der islamischen Geschichte als Aneinanderreihung von Terrorakten. So z. B. Amir Taheri: Holy Terror, London 1987. Derartige Publikationen erscheinen vermehrt seit dem 11. September 2001.

8 Dies sind vor allem Gruppen im Umfeld der „Christian Identity"-Bewegung.

9 Auf den „Islam als Lifestyle" geht eine Broschüre des Projekts Schule ohne Rassismus ein: http://www.schule-ohne-rassismus.org/publikationen.html

10 „Ein solcher Zusammenhang findet sich regelmäßig auch in Untersuchungen zu Rechtsextremismus und Autoritarismus und ist insofern erwartungskonform und nicht spezifisch für Muslime." (Brettfeld & Wetzels 2007). Für eine Bewertung dieser Studie siehe auch Bielefeld 2008: 12 f.

11 „Je religiöser die Menschen sind, egal welcher Religion, desto toleranter sind sie gegenüber anderen Religionen", sagte Martin Rieger, Programmleiter bei der Bertelsmann Stiftung. Tatsächlich gaben zwei Drittel (67 Prozent) der Befragten an, jede Religion habe einen wahren Kern. Unter den tiefreligiösen Muslimen, für die der Glaube an Gott sich unmittelbar auf ihr Leben auswirke, waren es sogar 71 Prozent. URL: www.zeit.de/online/2008/40/muslime-in-deutschland

Literatur

Anderson, L. (1997): Fulfilling prophecies: State Policy and Islamist Radicalism. In: J. L. Esposito (Hrsg.): Political Islam: Revolution, Radicalism, or Reform? Boulder: Lynne Rienner Publishers Inc., 17-31.

Anidjar, G.: The Jew the Arab. A History of the enemy. Stanford: Stanford University Press.

Benedikt XVI. (2006): „Glaube, Vernunft, Universität" – Papstrede an der Uni Regensburg, 12.09.2006, URL: http://www.oecumene.radiovaticana.org/ted/Articolo. asp? c=94864 (aufgerufen am 31.05.2009).

Best, O. F. (1980): Noch einmal: Vernunft und Offenbarung. Überlegungen zu Lessings „Berührungen" mit der Tradition des mystischen Rationalismus. In: Lessing Yearbook 12 S. 123-156.

Bielefeld, H. (2008): Das Islambild in Deutschland. Zum öffentlichen Umgang mit der Angst vor dem Islam. Berlin. URL: http://files.institut-fuer-menschenrechte.de/437/Das_Islambild_in_Deutschland_es.pdf (aufgerufen am 31.05.2009)

Bloom, H. (1987): Matthew Arnold. New York: Chelsea House.

Bollmann, R. (2008): „Der Islam gehörte immer zu Europa", Interview mit Michael Borgolte, taz vom 14.04.

Bollmann, R. (2002): „Muslime sind nicht integrierbar", Interview mit Hans Ulrich Wehler, taz vom 10.09.

Borgolte, M. (2006): Christen, Juden, Muselmanen. Die Erben der Antike und der Aufstieg des Abendlandes 300 bis 1400 n. Chr. München: Siedler-Verlag.

Brague, R. (1998): Athens, Jerusalem, Mecca. Leo Strauss'„Muslim" understanding of Greek philosophy, in: Poetics Today 2, Bd. 19, 235-259.

Call, D. (2001): „Frauen sind bessere Männer" Regisseur der Nathan-Inszenierung in Rostock im Interview, Ostseezeitung vom 11.10., 14.

Esposito, J. L.; Mogahed, D. (2008): Who speaks for Islam? What a Billion Muslims really think. Washington/D.C.: Gallup.

Gerges, F. (2005): The far Enemy. Why Jihad went global. Cambridge: Cambridge University Press.

Green, K. H. (1997): Jewish Philosophy and the crisis of Modernity. Essays and Lectures in Modern Jewish Thought. New York: State University of New York Press.

Guénon, D. (2000): Hypothèses sur l'Europe. Un Essai de philosophie. Belfort: Editions Circé.

Helmrath, J. (2007): Enea Silvio Piccolomini (Pius II.) – Ein Humanist als Vater des Europagedankens? In: Themenportal Europäische Geschichte, URL: www.europa.clio-online.de/2007/Article=118 (aufgerufen am 31.05.2009)

Hentges, G. (1999): Schattenseiten der Aufklärung. Die Darstellung von Juden und „Wilden" in philosophischen Schriften des 18. und 19. Jahrhunderts. Schwalbach: Wochenschau.

Horsch, S. (2004): Rationalität und Toleranz. Lessings Auseinandersetzung mit dem Islam. Würzburg: Ergon.

Kermani, N. (2005): Der Schrecken Gottes. Attar, Hiob und die metaphysische Revolte. München: Beck.

Kuschel, K.-J. (2004): Jud, Christ und Muselmann vereinigt? Lessings „Nathan der Weise". Düsseldorf: Patmos.

Kuschel K.-J. (1998): Vom Streit zum Wettstreit der Religionen. Lessing und die Herausforderung des Islam. Düsseldorf: Patmos.

Lange, C. (2004): Der nackte Feind. Anti-Islam in der romanischen Kunst. Berlin: Parthas.

Lange, C. (2003): Islam in Kathedralen – Bilder des Antichristen in der romanischen Skulptur, URL: viadrina.euv-frankfurt-o.de/~lange/claudio/ro-manik.html (aufgerufen am 31.05.2009)

Lessing, G. E. (1989 ff): Werke und Briefe in zwölf Bänden. Hrsg. von Wilfried Barner, Frankfurt/M.: Suhrkamp.

Lessing, G. E. (1970 ff): Werke. Hrsg. von H. G. Göpfert, München: Carl-Hanser Verlagsanstalt.

Lessing, G. E. (1882): Übersetzungen aus dem Französischen Friedrichs des Großen und Voltaires. Hrsg. von Schmidt, E. Berlin: Hertz.

Loop, J. (2005): Kontroverse Bemühungen um den Orient, Johann Jacob Reiske und die deutsche Orientalistik seiner Zeit. In: Ebert, H.-G.; Hanstein, T. (Hg.): Johann Jacob Reiske. Persönlichkeit und Wirkung. Leipzig: Evangelische Verlagsanstalt, 45-86.

Menocal, M. R. (1987): The Arabic Role in Medieval Literary History. A forgotten Heritage. Philadelphia: Univ. of Pennsylvania Press.

Niewöhner, F. (1996): Das muslimische Familientreffen. Gotthold Ephraim Lessing und die Ringparabel, oder: Der Islam als natürliche Religion. In: Frankfurter Allgemeine Zeitung vom 5.6. Nr. 129, S. N6.

Noelle, E; Petersen, T. (2006): Eine fremde, bedrohliche Welt. Frankfurter Allgemeine Zeitung vom 17. Mai, S. 5.

ORF (2006): URL: http://religion.orf.at/projekt03/news/0605/ne060515_islam_europa_fr.htm (aufgerufen am 31.05.2009)

Rudolph, U. (2004): Islamische Philosophie. Von den Anfängen bis zur Gegenwart. München: Beck.

Russel, G. A. (1994): The Impact of The Philosophus Autodidactus: Pocockes, John Locke, and the Society of Friends. In: The „Arabick" interest of natural-philosophers in seventeenth century England. Hrsg. von Russel, G.A. Leiden: Brill, 224-265.

Said, E. (1981): Orientalismus. Frankfurt/M.: Ullstein.

Schönbohm, J. (2004): Koranschulen ohne Ringparabel. Auf Einwanderer, die zwar bei uns, aber nicht mit uns leben wollen, müssen wir verzichten. Die Welt vom 22. November.

Schröder, G. (2003): „Kopftücher haben für Leute im staatlichen Auftrag keinen Platz", Interview mit dem Bundeskanzler in der Bild am Sonntag vom 21.12.

Schulze, R. (1991): Vom Antikommunismus zum Antiislamismus. Der Kuwait-Krieg als Fortschreibung des Ost-West-Konflikts. In: Peripherie, 41, 5-12.

Trojanow, I.; Hoskoté, R. (2007): Ursprung und Wahrheit. Über die Einflüsse muslimischer Legenden in Dantes „Divina Commedia", taz vom 15.11.

Watt, M. (2002): Der Einfluss des Islam auf das europäische Mittelalter. Berlin: Wagenbach (Original 1972).

Wolf, F. O. (2002): Ohne die islamische Philosophie hätte es weder Scholastik noch Aufklärung geben können. URL: http://sammelpunkt.philo.at:8080/739/1/wolf_islam.pdf (aufgerufen am 02.10.2008)

Winkler, H. A. (2002): „Soll Europa künftig an den Irak grenzen?". Frankfurter Allgemeine Zeitung vom 11.12.2002.

Mechthild Neises

Besonderheiten der gynäkologisch-geburtshilflichen Behandlung türkischer Migrantinnen

Einleitung

Bereits in den 40er Jahren führten die Untersuchungen von Erwin Ackerknecht zu der Betrachtungsweise, dass jedwede Medizin integrierter Bestandteil ihrer Kultur und der Gesellschaft ist, in der sie entwickelt wurde und ausgeübt wird. Entsprechend hat jede Kultur ihre eigene Medizin, deren theoretische Grundlagen und praktisches Handeln im Rahmen dieser Kultur – nicht aber notwendigerweise auch in einer anderen Kultur – einen Sinn ergeben (Unschuld 1996). Seit den 50er Jahren sind in Europa größere Bevölkerungsgruppen aus anderen Kulturen eingewandert, die ihre eigenen Vorstellungen und auch gesellschaftlichen Strukturen in ihrer Reaktion auf Kranksein und Tod mitbringen.

2005 lebten in Deutschland 15,3 Mio. Menschen (19%) mit Migrationshintergrund, die entweder selbst zugewandert waren, oder deren Kinder bzw. Enkel in Deutschland lebten. Mit 1,8 Mio. stellen Türkinnen und Türken die größte Gruppe, d. h. mehr als ein Viertel der ausländischen Bevölkerung dar (Razum et al. 2008). In Krankenhäusern und Praxen treffen die deutschen Ärztinnen und Ärzte mit fremdkulturellen Patientinnen und Patienten aus vielen Ländern aller Erdteile zusammen. Dennoch hat sich in der bisherigen Literatur vor allem die Bevölkerungsgruppe der Türken als Kristallisationspunkt von Untersuchungen über die Schwierigkeiten im Umgang mit diesen Patientinnen entwickelt. In diesen Begegnungen zeigen sich Probleme aus mehreren Bereichen, dazu gehören:

1. die eigenen Vorstellungen, die dem Verständnis von Kranksein und dem Verhalten zur Prävention oder Behandlung von Kranksein zugrunde liegen;
2. Medizin muss für die Patienten plausibel sein, um Compliance zu bewirken;
3. der unterschiedliche gesellschaftliche Kontext von Heilkunde im Ursprungsland der Migranten und in Deutschland führt zu Missverständnissen und Schwierigkeiten;
4. dieser gesellschaftliche Kontext umfasst andersartige Familienstrukturen ebenso wie unterschiedliche Professionalisierung der Heilkundigen.

Die Erforschung der bio-psycho-sozialen Folgen von Migration hat sich vor allem im Rahmen der Lebensereignisforschung weiterentwickelt. Dabei werden die Wechselwirkungen zwischen kritischem Lebensereignis und dem Individuum in seinem sozialen Kontext untersucht. Migration wird dabei als ein kritisches Lebensereignis verstanden, das alle Lebensbereiche einschneidend verändert. Die damit verbundenen Konflikte verlangen von den Betroffenen hohe psychische Anpassungsleistungen. In diesem Prozess unterscheidet man die folgenden Phasen:
1. die Erwartungsphase,
2. die Enttäuschungsphase,
3. die Bewältigungsphase.

Die Konflikte innerhalb dieser Phasen können durch eine zu schnelle Anpassung oder auch durch Überanpassung übergangen werden. Insbesondere die Migranten und Migrantinnen der ersten Generation sind vielfältigen Belastungen ausgesetzt, wie z. B. durch innere Konflikte, die zusammenhängen mit dem Wertewandel, oder einer Rollenkonfusion mit Orientierungslosigkeit. Eine weitere Ursache kann ein nicht gelöster Abschied von der alten Heimat sein, oder auch der Neid der Zurückgebliebenen. In der neu gewählten Umgebung können Probleme auftreten durch die kulturell und traditionell sehr engen innerfamiliären Bindungen. Hinzu kommen die oft benachteiligenden sozialen Bedingungen, wie mangelhafte Wohnsituation und schlechte Arbeitsbedingungen, nicht zuletzt die Erfahrung von Anfeindung, Diskriminierung und Diffamierung.

Die kranke Frau in der türkischen Familie

Nicht selten stellen türkische Patientinnen ihre ärztlichen Behandler in der Praxis und in der Klinik vor Probleme aufgrund diagnostisch schwer zu fassender, chronischer Krankheitsbilder, die vor allem bei türkischen Patientinnen der ersten Migrantengeneration zunehmen. Wichtig sind dabei die Rolle der Kranken in der Familie und die daraus folgenden Konsequenzen für die ärztliche Behandlung. Für dieses Verständnis sind Kenntnisse der Familienstruktur und deren Übernahme aus dem Herkunftsland unabdingbar. Die Türkei ist eine Übergangsgesellschaft mit erheblichen sozialen Unterschieden und mit enormem Gefälle zwischen Stadt und Land. In den Großfamilien dörflicher Regionen leben meist drei Generationen zusammen. In diesem Zusammenleben wird gefordert, dass das Individuum sich der Gemeinschaft unterordnet. Der zentrale Wert der Ehre wird der Familie und nicht einer einzelnen Person beigemessen. Dem Familienoberhaupt steht die Außenvertretung der Familie zu, und die Kinder sind zu Achtung, Gehorsam und Loyalität den Eltern gegenüber verpflichtet. Positionen in diesem System werden sozusagen „vererbt", der Sohn übernimmt die positiven wie auch die negativen Außenbeziehungen des Vaters, und ebenso teilt die Ehefrau die Außenbeziehungen ihres Ehemannes. Jeder haftet in diesem System für die Handlungen anderer Familienmitglieder, und wer seine Verpflichtungen nicht erfüllt, bedroht damit automatisch das Ansehen seiner Angehörigen (Koch 1996). Vor diesem Hintergrund kommt es zu Problemen in den Migrantenfamilien durch Veränderungen der familiären Beziehungen. Dies betrifft sowohl die der Ehepartner zueinander, wie auch zwischen den Generationen. Verbunden ist damit ein Verlust der Sicherheit in den traditionellen Normen und unter Umständen eine Gefährdung der persönlichen Identität.

Fallgeschichte:
Frau A. stammt aus einer armen Bauernfamilie und ist als Analphabetin aufgewachsen. Inzwischen lebt sie seit über 20 Jahren in Deutschland, spricht allerdings kaum deutsch. Im Kontakt mit einer Dolmetscherin wirkt sie differenziert, offen und reflektionsfähig. Frau A. hat 4 Kinder aufgezogen, und dies neben ihrer Tätigkeit als Reinigungskraft, die sie seit über 20 Jahren in der gleichen Einrichtung ausübt. Obwohl ihre Kinder hier bestens integriert sind, hat die Familie ausschließlich Kontakt zu anderen türkischen Familien und nach wie vor eine sehr enge Beziehung zu ihrer Heimat in Anatolien. Die Patientin schildert im Erstgespräch anhaltende Unterbauchbeschwerden sowie Schlafstörungen, verbunden mit einer inneren Unruhe. Im Verlauf mehrerer Gespräche schildert sie die Belastungen in der Familie nach einem Streit der jüngsten, 18-jährigen Tochter, mit dem Vater. Inzwischen ist die Tochter aus der elterlichen Wohnung ausgezogen. Es habe im Vorfeld häufige Disko-Besuche gegeben, nach denen sie nicht – wie abgesprochen – nach Hause gekommen sei. Während dieser Zeit habe ihr Mann einen Herzinfarkt erlitten, verbunden mit einem langen Krankenhausaufenthalt. Ihre Situation schildert Frau A. ausweglos. In diesen Gesprächen wird der Verlust der Ehre der Familie durch das Verhalten der Tochter deutlich. Eine besondere Verletzung erlebt Frau A. dadurch, dass dieser Streit über Bekannte schon in ihrer Heimatfamilie

angekommen war. Diese Verletzung und Scham machte sie völlig handlungsunfähig. Durch das Fehlen von Verarbeitungs- und Bewältigungsstrategien blieb nur die Krankheit als Ausdrucksmöglichkeit.

Im Verlauf weiterer Gespräche gelang es, bei der Patientin zunehmende Einsicht in die veränderte Lebenswelt der Töchter zu wecken. Schließlich war nicht nur die Patientin, sondern auch das Ehepaar in der Lage, sich schrittweise von dem Gefühl der Schande zu distanzieren. Schließlich zeigten auch offene Gespräche mit anderen türkischen Bekannten, dass sie mit ihrem Problem nicht alleine da standen, was sehr tröstlich erlebt wurde. Außerdem konnte der Kontakt zur Tochter, der vom Vater zunächst abgebrochen wurde, auch wieder aufgenommen und gehalten werden. Die Beschwerden von Frau A. besserten sich im Laufe mehrerer Monate, was die Wiederaufnahme ihrer Tätigkeit erlaubte, was ebenfalls ihrer Tendenz zum sozialen Rückzug entgegenwirkte.

Subjektives Krankheitsverständnis

In der Türkei und in den Mittelmeerländern generell wird Krankheit von der traditionsverwurzelten Landbevölkerung als etwas von außen Kommendes angesehen und ganzheitlich wahrgenommen. Die Krankheit befällt sozusagen den ganzen Körper. Eine lokalisierte Erkrankung, die nicht die gesamte leiblich-seelische und soziale Befindlichkeit des Betroffenen in Mitleidenschaft zieht, ist bei türkischen Patienten eher unvorstellbar. Dies kann zu Äußerungen führen wie „ich bin ganz krank". Für die Heilung oder Linderung eines Leidens spielt das Krankheitsverständnis eine ganz wesentliche Rolle. Im türkischen Kulturkreis ist die Frage nach der Krankheitsursache von größerer Bedeutung, als deren diagnostische Einordnung in ein nosologisches System. Für türkische Patienten sind nicht die objektiven Kriterien der westlichen Schulmedizin entscheidend. Wichtiger ist dagegen die Frage, wie und warum sie von der Krankheit betroffen sind, denn nur die Kenntnis der Krankheitskausalität lässt nach ihrem laienmedizinischen Verständnis einen Rückschluss auf die Art der Erkrankung und somit auf Therapie und Prognose zu (Yildirim-Fahlbusch 2003). Krankheitsursachen können im Volksverständnis vielfältig sein, neben religiösen, magischen, exogenen und endogenen Entstehungsmustern kann Krankheit auch als Folge böser Taten angesehen werden und wird dann als Strafe oder Prüfung verstanden. Bei diesem mystischen Krankheitsverständnis versucht man, diese auch durch magische Gegenhandlungen zu entkräften. Oftmals ist hier noch der Hoca als Seelsorger, Lehrer und Priester erster Ansprechpartner bei Krankheiten. Das trifft vor allem bei seelischen Belastungen oder psychischen und psychiatrischen Erkrankungen zu.

Ein Beispiel für differierende Krankheitskonzepte ist der im Mittelmeerraum verbreitete „böse Blick“. Im dortigen Kulturkreis wird er unter anderem für seelische Störungen, körperliche Missempfindungen sowie Fruchtbarkeits- und Schwangerschaftsprobleme verantwortlich gemacht. Die ganzheitliche Wahrnehmung von Krankheit und die Vorstellung eines Befalls des gesamten Körpers führen auch zu einer ganzheitlichen Präsentation von Symptomen. Dies kann zu dramatischen, körpernahen und schmerzbetonten Krankheitsbildern führen, die im hiesigen Medizinsystem oft auf Unverständnis stoßen. Eventuell wird dieser Effekt noch verstärkt durch sprachliche Defizite und die Unfähigkeit, Gedanken und Gefühle in Worte zu fassen. Mögliche Folgen sind ein „Einverständnis im Missverständnis“ mit ausufernder Diagnostik und einem erhöhten Risiko für Fehlbehandlung (Razum et al. 2004).

Psychische und psychosomatische Beschwerden

Nach einer Migration zeigen sich typischerweise infolge einer erschwerten Anpassung in relativ engem zeitlichem Abstand von Monaten bis wenige Jahre psychische und psychosomatische Beschwerden. Das Ausmaß dieser Beschwerden hängt ab von der Vorbereitung auf den Migrationsprozess und die Information über das Migrationsland. In der Regel sind diese Beschwerden als prognostisch günstig einzuschätzen.

Ein zweiter zeitlicher Gipfel an psychischen und psychosomatischen Beschwerden zeigt sich nach 10 und mehr Jahren nach der Migration. Diese Beschwerden können Frauen und Männer gleichermaßen treffen. In dem Beschwerdekomplex der ersten Generation bestehen häufig Depressionen, Heimwehreaktionen und Entwurzelungssyndrome. In der zweiten Generation zeigen sich allgemeine Schmerzsyndrome, bei Frauen häufig chronische Unterleibsschmerzen und Schwangerschaftsbeschwerden. Hintergrund ist häufig, dass die ausländische Frau einer Mehrfachbelastung durch Berufstätigkeit, Haushalt und Kindererziehung ausgesetzt ist. Nicht selten leben die Familien in schlechteren Wohngegenden und sind stärker von Arbeitslosigkeit bedroht. Darüber hinaus droht bei Abschiebung das Auseinanderreißen der Familie, oder sie kann durch Nachzugsperren erst gar nicht zusammenfinden. Dies ist eine Situation, die krank machen kann.

Im Sinne des sekundären Krankheitsgewinnes kann in schwierigen Lebenssituationen, wenn traditionelle Normen verletzt werden, aber Lösungsmöglichkeiten noch nicht zur Verfügung stehen, Krankheit auch ein Schutz vor Gesichtsverlust und vor Überforderung sein. Dabei wird die Kranke in der türkischen Familie von allen Pflichten entbunden und erfährt Unterstützung bis zu ihrer Genesung. Einer besonderen Belastungssituation sind Mädchen und junge Frauen ausgesetzt, da sie häufig zwischen zwei Kulturen stehen. Viele sind bereits hier geboren und werden in ihrem Alltag mit den Normen zweier Kulturen konfrontiert. Oft erfahren sie im Elternhaus eine intensive Hinwendung zu islamischen Werten, die – gemessen an westlichen Vorstellungen – zu einer starken Einschränkung der individuellen Freiheitsräume führt. Parallel erfahren sie im Kontakt mit deutschen Freundinnen in deren Elternhaus unter Umständen eine große Freizügigkeit. Nicht selten führt diese Konfliktsituation zu einer depressiven Verarbeitung. Zu beachten ist auch das kontrazeptive Verhalten, da oft die Pille als auch die Spirale grundsätzlich abgelehnt werden. Darüber hinaus lässt sich ein allgemeiner Informationsmangel feststellen, sowohl über die Funktion der Genitalorgane als auch über die Sexualität, so dass vor diesem Hintergrund von den Frauen der Frage nach einer regelmäßigen Kontrazeption nur eine untergeordnete Bedeutung beigemessen wird (Neises 1999).

Migrantinnen in der Geburtshilfe

In der Versorgung von Migrantinnen in der Geburtshilfe zeigen sich nach wie vor gravierende Unterschiede in der Versorgungsqualität. So werden im Rahmen der Schwangerenvorsorge seltener diagnostische Zusatzmaßnahmen eingesetzt. Es findet sich eine unterschiedliche Rate von geplanten Kaiserschnitten, die bei deutschen Frauen signifikant häufiger durchgeführt werden. Bei den türkischen Frauen finden sich eine niedrigere Rate von Periduralanästhesien und auch niedrigere Interventionen zur Schmerzausschaltung unter der Geburt. Wichtige perinatale Qualitätsparameter wie kindliche und mütterliche Mortalität sowie die Frühgeburtenrate zeigen keine signifikanten Unterschiede (Borde et al. 2008). David und Pachaly (2005) stellen die kritische Frage, inwieweit der Migrationshintergrund in der Geburtshilfe als Risikofaktor anzusehen ist. Dazu beschreiben sie

- eine geringere Nutzung und spätere Inanspruchnahme der Schwangerenvorsorge;
- häufigere psychosomatische Erkrankungen wie unklare Schmerzzustände;
- eine höhere Rate von stationär behandelten Patientinnen mit Hyperemesis gravidarum;
- eine höhere Anämierate der Schwangeren;
- ein schlechterer kindlicher Zustand unmittelbar nach der Geburt entsprechend den Perinataldaten aus Deutschland.

Paare mit Migrationshintergrund in der Geburtshilfe zeigen individuelle Anpassungsprozesse, die so genannte Akkulturation. So hat sich die Begleitung durch den türkischstämmigen Partner bei der Geburt im Kreißsaal durchgesetzt und ist heute selbstverständlich, was im Gegensatz zum Verhalten im Herkunftsland steht. Dabei wird eingeschätzt, dass sich die Beziehung durch das gemeinsame Geburtserleben festigt, während Studien zur langfristigen Auswirkung auf die Beziehung noch nicht vorliegen.

Eine besondere Situation besteht bei sterilen türkischen Paaren. Bei diesen ist, auch wenn Sprachschwierigkeiten und Sprachlosigkeit gegenüber der Problematik zusammenkommen, die Behandlung besonders erschwert. Die Untersuchung von Yüksel et al. (1996) gibt einen Einblick in diese Situation. In Großstädten, und insbesondere in Berlin, ist ein großer Anteil der Patientinnen der Sterilitätssprechstunde nicht deutscher Herkunft. Dabei stellten die türkischen Paare mit etwa 15% die größte Nationalitätengruppe dar. Die Behandlungssituation ist für diese Paare oft besonders belastend und es bedarf einer sensiblen Beratung und kontinuierlichen Begleitung im Sinne einer psychosomatischen Grundversorgung während der gesamten Diagnostik und Behandlung. Oft wird die Arzt-Patient-Beziehung zusätzlich erschwert und beeinträchtigt durch fehlende sprachliche Kommunikationsmöglichkeiten und den unterschiedlichen soziokulturellen Hintergrund. Insbesondere Frauen, die nach ihrer Heirat nach Deutschland kommen, sind in der Regel stark traditionell türkisch geprägt, und es fehlen ihnen oft jegliche Deutschkenntnisse. Diese türkischen Frauen sind meist jünger im Vergleich zu den deutschen Frauen in der Sterilitätssprechstunde und verfügen in geringerem Maße über biologische Kenntnisse, so dass das Verstehen der komplizierten Sterilitätsbehandlung erschwert wird.

Für Sterilitätspaare ist Fruchtbarkeit ein Wert an sich, sie fühlen sich durch Sterilität stigmatisiert und sind nicht selten sozial isoliert. Bei türkischen Männern kommt hinzu, dass Fruchtbarkeit gelegentlich gleichgesetzt wird mit sexueller Potenz und Männlichkeit, was die Sterilitätsbehandlung insofern behindert, da die diagnostizierte männliche Subfertilität verleugnet wird. Bei einem Drittel der Paare scheint die männliche Subfertilität die Hauptursache der Sterilität zu sein. Etwa ein Drittel der Männer konnte die eigene Subfertilität nicht akzeptieren, insbesondere die Diskrepanz, weder Beschwerden noch Sexualstörungen zu haben, das heißt, ohne eigenes Krankheitsgefühl die diagnostizierte Minderung der Spermienqualität zu akzeptieren. Ein ähnliches Phänomen lässt sich bei deutschen Paaren mit männlicher Subfertilität beobachten. Für die Betroffenen ist es immer schwer zu verstehen, warum bei problemlos empfundener Sexualität die Ursache der Sterilität im Sperma vorhanden sein kann. Auffallend ist, dass bei den türkischen Paaren, auch bei männlicher Subfertilität, die „Sterilitätsschuld" weitgehend auf die Frau verschoben wird. Aber auch bei deutschen Paaren lässt sich beobachten, dass Dritten gegenüber die Frau die Verursachung auf sich nimmt, um damit ihren Ehemann zu schützen.

Nicht selten kommen kinderlose türkische Paare aus eher ländlichen, noch feudalistisch geprägten Regionen mit islamisch-patriarchalischen Gesellschaftsnormen und Werten. Die Stellung des Paares wird unter anderem an seiner Fruchtbarkeit sichtbar und an seiner Kinderzahl gemessen. So erhöht Kinderreichtum das Ansehen der Familie, und Männer und Frauen mit vielen Kindern werden als gute Ratgeber für Probleme des Alltags angesehen. Im Gegensatz dazu werden kinderlose Paare als unvollständig eingestuft und erfahren eher Mitleid aus ihrem Umfeld.

Von Seiten der Paare werden häufig Bedenken gegenüber einer „Retortenbefruchtung" (IVF, In vitro Fertilisation) geäußert. Allerdings begibt sich ein Drittel der Paare ohne jedwede Bedenken in die Sterilitätstherapie. An erster Stelle steht dabei die Hoffnung, ein eigenes Kind zu bekommen. Werden Befürchtungen geäußert, so betreffen diese in erster Linie die Sorge vor einer Fehlbildung des Kindes (48%), gefolgt von der Befürchtung einer Samenverwechslung (41%), Ängste vor den Langzeitrisiken der Hormonbehandlung (30%) und schließlich vor Embryonenverwechslung (8%). Da auch heute noch bei dieser Behandlungsmethode der größte Teil der Paare nach Abschluss der Behandlung ohne eigenes Kind sein wird, besteht auf ärztlicher Seite die Verantwortung darauf zu achten, wie Paare ihre Kinderlosigkeit bewältigen. Von den türkischen Frauen betonten 52%, dass sie sich vom Partner teilweise oder auch voll und ganz (17%) unterstützt fühlten, während 48% sich in diesem Aspekt nicht unterstützt fühlten. Aufgrund des gesellschaftlich geprägten Bewusstseins der „körperlichen Bestimmung", fühlten sich diese Frauen oft unvollständig oder manchmal sogar wertlos. In der Begleitung dieser Frauen ist es wichtig zu wissen, dass sterile türkische Paare eine andere Familiendynamik zeigen als Paare aus anderen europäischen Herkunftsländern. Zwar führen rund 85% ihren eigenen Haushalt und nur 15% lebten in dieser Untersuchung mit Eltern oder Schwiegereltern zusammen, aber dennoch ist der Einfluss der Familie stärker als bei deutschstämmigen Frauen. Während eines Erstgespräches, das eine Ärztin mit türkischer Sprachkompetenz führte, konnten neben Aufklärungsarbeit bezüglich Körperfunktion, Sterilitätsursachen und Therapien, Paare auch erstmals ins Gespräch miteinander kommen und dabei Alternativen besprechen, oder auch ihre Ängste vor einem Leben ohne Kind ansprechen. In den entsprechenden Behandlungszentren sollte medizinisches Personal mit Kenntnis der Landessprache und Kultur tätig sein, um eine bessere Betreuung und Behandlung zu erreichen, und um Missverständnisse zu vermeiden und falsche Erwartungen früh zu klären. Inzwischen liegen Broschüren in der Landessprache vor mit Erklärung der Körperfunktionen sowie der aufwändigen Sterilitätsdiagnostik und Therapie (zu beziehen über die Bundeszentrale für gesundheitliche Aufklärung www.bzga.de).

Hinsichtlich des Informationsstands zu Sexualität und Sterilität ist es wichtig zu wissen, dass es in der Türkei keine sexuelle Aufklärung in den Schulen gibt. Frauen gehen häufig in die Ehe, ohne etwas über Körpervorgänge und Sexualität zu wissen. Eine Sterilitätsbehandlung kann aber nur dann sinnvoll durchgeführt werden, wenn Frau und Mann die Körperfunktionen verstehen. Zu den biologischen Grundlagen der Empfängnis, wie z. B. günstigster Zeitpunkt der Befruchtung, Zyklusverlauf und Spermienlebensdauer, hatten 11% recht genaue Kenntnisse, rund 21% hatten mäßige, und 68% überhaupt keine Vorstellungen hierzu (Kentenich 1996). Ein entsprechendes Bild ergab sich für das Sexualverhalten: Etwa 1% berichtete, für die Sexualität die günstigste Zeit für die Befruchtung (Sexualität zur Zeit des Eisprungs) zu nutzen. 18% hatte zusätzlichen Spontanverkehr, und bei 82% gab es ausschließlich spontane Sexualität ohne gewollte Beziehung zur Ovulation.

Um die Besonderheiten der Versorgungssituation gynäkologisch und geburtshilflich erkrankter türkischer Patientinnen zu erfassen, ist ein genaueres Wissen zum Migrationshintergrund und zur Akkulturation dieser Frauen erforderlich. Einflussfaktoren auf die Gesundheit allgemein sind z. B. die soziale Ungleichheit auch innerhalb einer Migrantinnengruppe neben den klassischen soziodemografischen Parametern wie Bildungsstand und Sozialstatus. Wichtige Aspekte sind außerdem der Grad der Integration in die deutsche Aufnahmegesellschaft und die Kenntnisse der deutschen Sprache und schließlich die individuelle Betrachtung, da der fast 40 Jahre anhaltende Zuwanderungs- und Niederlassungsprozess in Deutschland zu individuell sehr unterschiedlich verlaufenden Biografien führt, sowohl aufgrund der Migrationsgründe, als auch aufgrund des Alters bei der Einreise oder der Aufenthaltsdauer in Deutschland. Entsprechend groß ist das Spektrum der türkischen Patientinnen, das an 3 Beispielen aus der Frauenheilkunde ausgeführt werden soll:

1. *Eine 19-jährige Frau wird nach der Diagnosestellung einer gynäkologischen Fehlbildung in die psychosomatische Sprechstunde überwiesen. Die junge Frau spricht perfekt Deutsch und gibt auch an, dass sie im Herkunftsland ihrer Eltern im Gespräch mit den türkischen Verwandten zwar alles verstehen kann, aber manchmal Schwierigkeiten hat, sich sprachlich dort auszudrücken. Sie ist hier in einem Freundeskreis, insbesondere mit deutschen Freundinnen aus Schul- und Ausbildungszeit gut verankert und steht kurz vor dem Abschluss ihrer Ausbildung zur Einzelhandelskauffrau. Sie schildert sehr differenziert ihre Sorgen aufgrund der Unmöglichkeit, eine Schwangerschaft auszutragen vor dem Hintergrund der diagnostizierten Fehlbildung. Dabei beschreibt sie auch sehr differenziert und wohlwollend die Verankerung ihrer Herkunftsfamilie in islamischen Wert- und Normvorstellungen. Die eigene Selbstwertkrise und Krise in ihrer Identität als Frau lässt sie aus eigener Motivation stationär-psychosomatische Behandlung aufsuchen.*

2. *Eine 27-jährige schwangere Frau erscheint in Begleitung des Ehemannes in der geburtshilflichen Ambulanz. Die Frau trägt Kopftuch und ist in ihrem Verhalten schweigsam und bescheiden auftretend. Der Ehemann erzählt voller Stolz, dass seine Frau nach ihrer Eheschließung nach Deutschland gekommen ist, die deutsche Sprache nicht spricht und auch nicht lernen will, dass sie ihrer türkischen Kultur sehr verbunden ist. Offensichtlich verhält sie sich damit im Sinne ihres Ehemannes.*

3. *Eine 38-jährige Patientin, die in der Türkei geboren, in Deutschland seit dem 4. Lebensjahr aufgewachsen ist, sucht aus eigener Initiative psychosomatische Bera-*

tung wegen Beziehungskonflikten und Sexualstörungen. Dabei spricht sie sehr freimütig über Probleme der Lustlosigkeit und Orgasmusschwierigkeiten in der Beziehung zum Ehemann, dass sie in einer Außenbeziehung, von der der Ehemann weiß, dagegen eine erfüllende Sexualität erfahren hat. Der Ehemann, der selbst eine Freundin hat, aber die Beziehung zur Ehefrau nicht aufgeben möchte, lebt mit ihr im gemeinsamen Haus, auch wegen der beiden gemeinsamen Kinder. Dieses Arrangement kann zwischen den Ehepartnern offen besprochen werden, führt allerdings auch zu einer Belastungssituation, deren Lösung im Erstgespräch offen bleibt. Diese Patientin sucht weitergehende Beratung im Ethnomedizinischen Zentrum, das heißt, mit einer Person, die ihren kulturellen Hintergrund teilt und sie beratend oder psychotherapeutisch begleitet auf dem Weg, neue Lösungsmöglichkeiten zu finden.

Aufgaben in der Arzt-Patient-Beziehung

Nicht selten ergeben sich Probleme in der Arzt/Ärztin-Patientin-Beziehung aufgrund der hohen Erwartungen an den Arzt als „Übersetzer der Symptomatik und Problematik" der Patientin. Die dabei auftretenden Verständnisprobleme sind charakterisiert durch Sprachbarrieren, Schichtbarrieren und ethnokulturelle Barrieren. Zum Erklärungsmuster „andere Kultur" beschreibt Kürsat-Ahlers: „Es ist, als hätten die Türken Kultur und die Deutschen Psyche". Damit war gemeint, dass man hierzulande das Verhalten von Türken, aber auch anderen Ausländern, oftmals als kulturell bedingt erklärt, das eigene aber nicht (Rieser 2000).

Nach wie vor sind wichtige Aspekte in der Arzt-Patientin-Beziehung bei Migrantinnen die häufig auftretenden Kommunikationsprobleme. Diese beruhen zum Teil auf den lückenhaften Deutschkenntnissen mancher Menschen mit Migrationshintergrund, insbesondere in den Bereichen Körper, Gesundheit, Befinden und Sexualität. Zum anderen sind Hinweise und Informationen zu Gesundheitsleistungen häufig nicht in einer für diesen Personenkreis verständlichen Sprache oder Form verfasst. Befragungen von türkischen und deutschen Patientinnen im Krankenhaus offenbarten, dass viele nicht in der Lage waren, die Aufklärungsgespräche vor einem gynäkologisch-chirurgischen Eingriff zu verstehen. Es konnte sogar ein Informationsverlust festgestellt werden, was sich möglicherweise aus der Nichtbeachtung der subjektiven Krankheitstheorien der Patientinnen erklären lässt und der damit verbundenen Diskrepanz von schulmedizinischem Erklärungsansatz von Seiten des Arztes und mystischem Krankheitsbild auf Seiten der Patientin, so das diese vielleicht mit mehr Verwirrung und Konfusion zurückgelassen wird.

Vor dem Aufklärungsgespräch gaben 62% (von 262 befragten türkischen Frauen) die Diagnose und 71% die Therapie richtig an. Nach dem Aufklärungsgespräch konnten nur noch 55% die Diagnose und 66% die Therapie korrekt wiedergeben. Solch ein Effekt wurde bei den deutschen Frauen (befragt wurden 317 Frauen) nicht festgestellt (Pette et al. 2004).

Insbesondere bei Migranten der zweiten Generation hat sich das Problem der sprachlichen Verständigung deutlich gebessert. Oft ist es nicht mehr nötig, weitere Angehörige, wie z. B. die eigenen Kinder, als Dolmetscher einzubeziehen. Diese Situation kann zu mangelhaften oder auch falschen Informationen führen, denn die ursprünglichen Rollen innerhalb der Familie werden dadurch verändert. Seit den 60er und 70er Jahren haben Berührungsängste mit deutschen Krankenhäusern deutlich abgenommen, wenngleich türkische Patientinnen immer wieder berichten, dass sie sich unverstanden oder falsch behandelt fühlen.

Hinsichtlich des diagnostischen Vorgehens ist es wichtig, ärztlicherseits zu wissen, dass dem Körper in der Wahrnehmung vieler Migrantinnen eine große Bedeutung zukommt. Deshalb sollte bei der ersten Konsultation immer eine ausreichende und gründliche körperliche Untersuchung des gesamten Körpers erfolgen. Von Falck (1990) wird betont, dass er als männlicher Gynäkologe besonders achtsam mit der sensiblen Situation der gynäkologischen Untersuchung umgeht, und dass es ihm nicht selten ratsam erscheint, erst nach mehreren Gesprächsbegegnungen eine gynäkologische Untersuchung vorzunehmen. In der gynäkologischen Untersuchungssituation wird in der Regel sowohl von Seiten der Frau, als auch von deren begleitendem Partner, der Gynäkologin spontan ein größeres Vertrauen entgegengebracht. Die Vertrauensbildung erfolgt darüber hinaus oft wesentlich durch den nonverbalen Austausch zwischen Arzt/Ärztin und Patientin. Im Sinne einer „Simultandiagnostik" von körperlichen und seelischen Beschwerden empfiehlt es sich, die Anamnese über die reine Symptom- und Krankheitsanamnese hinaus zu erweitern. Deshalb sollte eine umfassende Anamnese durchgeführt werden, die die folgenden Bereiche einbezieht:

- die genaue Geschichte der Migration,
- der derzeitige ausländerrechtliche Status,
- die gegenwärtigen Wohn- und Arbeitsverhältnisse,

- die innerfamiliäre Situation,
- die Kommunikation innerhalb und außerhalb der Familie,
- die Zukunftspläne,
- die aktuelle Situation in der ursprünglichen Heimat und der Herkunftsfamilie.

Ansätze zur Verbesserung der frauenärztlichen Versorgung von türkischen Frauen liegen auf Seiten des Arztes/der Ärztin im Erwerb von Basisinformationen über den soziokulturellen Hintergrund der Frau und ihrer Familie. Das System von Familie, mit dem die Frau zum Arztbesuch kommt, sollte angenommen werden, insbesondere die Ausgrenzung des Partners sollte vermieden werden. Ärzte sollten sich informieren z. B. über das kontrazeptive Verhalten im Ursprungsland und die Einstellung der Frau, oder auch des Partners dazu. Die subjektive Krankheitstheorie der Patientin zu explorieren, ist generell wichtig und gilt besonders für Migrantinnen. Für die Behandlung sollten praktikable, zweisprachige Übersetzungshilfen in Klinik und Praxis zur Anwendung kommen. Generell zu fordern wären ortsnahe medizinische und pädagogische Gesundheitsaufklärungen für Frauen und Mädchen sowie stadtteilbezogene Arbeit von Beratungsstellen.

Zusammenfassend liegen die Aufgaben auf ärztlicher Seite darin,

1. eine exakte körperliche Untersuchung durchzuführen,
2. eine erweiterte Anamnese detailliert zu erheben,
3. die Patientin über die Ergebnisse sämtlicher organmedizinischer und psychosozialer Befunde ausführlich aufzuklären,
4. bei der Anamneseerhebung zu entscheiden, ob die Unterstützung von Angehörigen möglich und notwendig ist, oder
5. ob die Unterstützung durch professionelle Berater und Dolmetscher nötig ist.

Dabei sind auch Defizite zu benennen, und zwar die Suche nach einem qualifizierten Dolmetscher oder einem geeigneten ethnokulturellen Berater sowie die Schwierigkeit, mutterschaftlich oder fremdsprachlich versierte Fachärzte zu finden. Defizite bestehen auch in der Zusammenarbeit zwischen Ärzten und sozialen Einrichtungen. Nicht zuletzt sind es die mangelnden Kenntnisse über ein bereits bestehendes Beratungsangebot verschiedener Träger und Einrichtungen vor Ort.

Falck (2003) empfiehlt für eine beiderseitige Annäherung, dass sich deutsche Ärzte Grundkenntnisse über die kulturellen, religiösen und politischen Hintergründe des Herkunftslandes ihrer Migrantinnen erwerben, um so die soziokulturelle Realität besser zu erfassen. Eine Zusammenarbeit mit der Deutsch-Türkischen Gynäkologengesellschaft in Deutschland (www.dtgg.de) kann hilfreich und lehrreich sein. Darüber hinaus sollten eigene Kontakte zum Ausländerbeirat und der islamischen Gemeinde vor Ort gesucht und gepflegt werden. Hilfreich sind auch Informationen über die Internet-Links zur Gesundheitsversorgung von Menschen mit Migrationshintergrund, wie www.equal-de.de, www.infodienst-bzga.de, www.bundesaerztekammer.de.

Literatur

Borde T.; Dudenhausen, J. W.; David, M. (2008): Migrantinnen in der Geburtshilfe – Psychosomatische Aspekte im Zusammenhang mit dem Akkulturationsprozess. Psychother Psych Med 58: 183-188.

Borde, T.; David, M. (2006): Frauengesundheit und Kultur in einer globalisierten Welt. Frankfurt/M.: Mabuse-Verlag.

David, M.; Pachaly, J. (2005): Migrationshintergrund als geburtshilflicher Risikofaktor? Perinataldaten im Vergleich. In: Borde, T.; David, M. (Hrsg.): Kinder und Jugendliche mit Migrationshintergrund. Frankfurt/M.: Mabuse-Verlag: 11-29.

David, M., Borde, T. (2001): Krank sein in der Fremde? Türkische Migrantinnen im Krankenhaus. Frankfurt/M.: Mabuse-Verlag.

Falck, H.-R. (2003): Soziokulturelle Probleme und psychosomatische Erkrankungen. Die muslimische Patientin in unserer Gesellschaft, in: Neises, M.; Bartsch, S.; Dohnke, H.; Falck, H.-R.; Kauffels, W.; Schmid-Ott, G.; Schwerdtfeger, J.; Walter, H. (Hrsg.): Psychosomatische Gynäkologie und Geburtshilfe. Beiträge der Jahrestagung 2002 der DGPFG. Gießen: Psychosozial-Verlag.

Falck, H.-R. (1990): Die ausländische Patientin in der gynäkologischen Praxis. Frauenarzt 31: 39-46.

Kentenich, H. (1996): Migrantinnen in der Frauenheilkunde. Pro Familia Magazin 1: 14-16.

Koch, E. (1996): Der Kranke in der türkischen Familie. Münch med Wschr 138: 31-34.

Neises, M.; Schmid-Ott, G. (Hrsg.) (2007): Gender – kulturelle Identität und Psychotherapie. Lengerich: Pabst Publishers.

Neises, M. (1999): Erfahrungen und Studien aus der Arbeit mit türkischen Patientinnen in der psychosomatischen Gynäkologie. In: Freese, G. (Hrsg.): Erfahrungen und Modelle erfolgreichen Arbeitens mit MigrantInnen im Gesundheits- und Sozialwesen. Loccumer Protokolle 27/99, Evangelische Akademie Loccum: 100-107.

Pette, M.; Borde, T.; David, M. (2004): Kenntnis über die Diagnose und Therapie ihrer Erkrankung bei deutschen und türkischstämmigen Patientinnen vor und nach einem Krankenhausaufenthalt. J. Turkish German Gynecol Assoc 5: 130-137.

Razum, O.; Zeeb, H.; Meesmann, U. et al. (2008): Migration und Gesundheit. Schwerpunktbericht der Gesundheitsberichterstattung des Bundes. Robert Koch Institut Berlin.

Razum, O.; Geiger, I.; Zeeb, H.; Ronellenfitsch, U. (2004): Gesundheitsversorgung von Migranten. Deutsches Ärzteblatt 101: B2439-B2443.

Rieser, S. (2000): Türken haben Kultur, Deutsche eine Psyche. Migranten im Gesundheitswesen. Deutsches Ärzteblatt 97: B382-B383.

Unschuld, P. U. (1996): Zum ärztlichen Umgehen mit fremdkulturellen Patienten – offen und sensibel sein. Münch med Wschr 138: 24-25.

Yildirim-Fahlbusch, Y. (2003): Kulturelle Missverständnisse – die Beziehung zwischen deutschen Ärzten und ihren türkischen Patienten gestaltet sich oft schwierig. Deutsches Ärzteblatt 100: B993-B995.

Yüksel, E.; Siemann, A.; Kentenich, H. (1996): Sterile türkische Paare. Münch Med Wschr 138: 35-38.

Hartwig Weber

Straßenkinder – Zukunft durch Bildung?

Annäherung

„Es war einmal ein Mädchen, das seine Mutter, als es sechs Monate alt war, verschenkte." Yurleidi schreibt den Satz auf ein großes weißes Papier, das die Studentinnen vor ihr auf dem Boden ausgebreitet haben. Sie erfindet selbst ein Märchen. Yurleidi ist wie versunken, ganz bei sich. Mit sorgfältig geformten Buchstaben schreibt sie weiter: „In der Hand der anderen Familie blieb das Kind, bis es acht Jahre alt war. Ohne Mutter blieb es. Aber das, was das Mädchen nicht wusste, war, dass ihr Vater die Mutter zwei Monate später verlassen hatte. Und das, was ihre Familie nicht wusste, war, dass sie mit zwölf Jahren Marihuana und Basuco rauchte und Kleber schnüffelte. Und mit vierzehn Jahren ging sie auf den Strich. Und was sie nicht ahnte, war, dass sie schwanger wurde. Aber sie wird das Kind nicht bekommen. Sie hat es verloren." Yurleidis Märchen, das erkennen die Studentinnen sofort, ist in Wirklichkeit die Geschichte ihres Lebens. Vielleicht hat sie sie bisher noch niemandem erzählt. Das gelingt ihr erst jetzt in der Form eines Märchens.

Lassen Sie sich von mir an den Ort dieser Geschichte versetzen. Die Plazoleta Rojas Pinilla, wo die Studentinnen des Bildungsprojekts Patio13 mit Straßenmädchen und Straßenjungen arbeiten, ist ein Platz im Zentrum der lateinamerikanischen Millionenmetropole Medellín, der zweitgrößten Stadt Kolumbiens. In Form eines spitzen Dreiecks geschnitten, misst er an der Breitseite etwa 40, in der Länge wohl 60 Meter. Wir erfassen den Ort mit einem Blick: Um die Statue des ehemaligen kolumbianischen Präsidenten Rojas Pinilla herum findet eine wilde Jagd statt. Ein kleiner Junge hat einem Mädchen die Kleberflasche entrissen, und während er mit der einen Hand die empörte Verfolgerin abwehrt, versucht er mit der anderen, an der Flasche zu schnüffeln, vergebens. Unter einem der niedrigen Bäume mit ihren tellergroßen, schattenspendenden Blättern liegt eine Frau wie tot. Ein Junge wirft sich auf sie und küsst die Schlafende. Sie wacht auf, schreit und schlägt nach ihm. Vor einer Bar hält sich eine kleine Gruppe von Menschen auf, Erwachsene und Kinder. Zwei Polizisten, die ihr Motorrad am Straßenrand abgestellt haben, tasten jeden nach Waffen und Rauschgift ab, der wie ein Straßenbewohner aussieht. Ein junger Mann von dunkler Hautfarbe, dessen Beine bis auf zwei Stümpfe amputiert sind, ist, abgesehen von einer zerschlissenen Plastiktüte, die er wie eine Unterhose trägt, unbekleidet. So rutscht er erstaunlich schnell über den Platz, indem er sich mit den Armen voran robbt. Dort, wo das Pflaster des Platzes aufgebrochen ist, verrichtet er seine Notdurft. Die Düfte des Marktes mischen sich mit denen von Kot, verfaultem Obst und Urin. Die Gerüche sind es, aber auch der penetrante Lärm, das Gedränge und Gewoge, die diese Welt so anders, fremd, schwer erträglich für uns erscheinen lassen.

Seit einigen Jahren halten wir uns auf dem Rojas Pinilla-Platz auf (Abb. 1 und Abb. 2). Wir haben mit vielen Menschen, Kindern, Jugendlichen und Erwachsenen, gesprochen. Es scheint so, als drängten sich dort auf den wenigen Quadratmetern die grundlegenden Probleme, Widersprüche und Konflikte verdichtet und zugespitzt zusammen, die die Menschen dieses Landes und seiner Städte umtreiben – Vertreibung und Flucht, Armut und Obdachlosigkeit, Kampf um Lebensraum, aggressive Auseinandersetzung zwischen Paramilitarismus und Guerilla, Drogenkonsum, Prostitution und Kriminalität. Neben den fliegenden Händlern, Arbeitern, Verkäufern der umliegenden Geschäfte, Prostituierten, Polizisten, Ordnungskräften und Müllverwertern trifft man hier obdachlose Straßenbewohner, manchmal 30 bis 50 an der Zahl, ältere Frauen und Männer, viele Jugendliche, Jungen wie Mädchen, und Kinder, von denen die kleinsten acht, zehn und zwölf Jahre alt sind.

Die Mädchen bekleiden sich meist nur spärlich, selbst wenn es wegen des Regens empfindlich kühl wird. Einige sind offensichtlich schwanger. Die Zwölf- und Dreizehnjährigen sehen aus wie Achtjährige, klein, unterernährt und retardiert. Ein etwa fünfzigjähriger Mann erzählt, dass er hier auf dem Platz aufgewachsen sei, als Waisenkind. Seine Eltern hat er nie kennen gelernt. Irgendwann haben sie ihn ausgesetzt, und mitleidige Leute haben das Kleinkind aufgepäppelt. So gut wie alle, Erwachsene und Kinder, schnüffeln Kleber, einige konsumieren Marihuana oder Basuco, ein Zwischenprodukt aus der Kokainherstellung, und Alkohol. Sie schwanken beim Gehen, Stehen und Sitzen, sprechen lallend und erwachen nur gelegentlich zu vollem Bewusstsein aus dem Rausch.

Abbildungen 1 und 2: Straßenkinder auf dem Rojas-Pinilla-Platz im Zentrum Medellíns

Straßenbewohner, Globalisierungsverlierer?

Wir neigen dazu, Probleme und Elend anderer Menschen so anzusehen, als wären sie persönlich verursacht, als seien die Betroffenen selbst daran schuld, und wir glauben, dass, was individuell zustande gekommen ist, auch individuell behoben werden könne. Diese Einschätzung ist, zumal im Falle der Straßenbewohner, ein Irrtum. Straßenkinder sind ein Phänomen, das seit Kurzem weltweit hervortritt, eine Folgeerscheinung der Exklusionskräfte, die mit der fortschreitenden Globalisierung einhergehen. Straßenbewohner, das sind „Abfallprodukte der Globalisierung". Zu ihnen zählt Zygmunt Bauman die Flüchtlinge der Welt, die gesellschaftlich Randständigen, der menschliche Ausschuss (vgl. Bauman 2005). Straßenkinder und -jugendliche kommen aus den Armutsghettos der Millionenstädte, die für sie nur Zwischenstation waren nach der Flucht vom Land in die Stadt. Gekennzeichnet durch ihre marginale ökonomische Position und den Ausschluss aus dem Arbeitsmarkt, bindet sie das Schicksal zeitlebens an Armut.

Die anderen, besser situierten Menschen begegnen den Straßenbewohnern am Rojas Pinilla-Platz mit Aggression und Hass. Es sei ganz unnütz, sagen sie, sich um Straßenkinder zu kümmern – verlorene Liebesmüh, vertane Zeit, verschwendetes Geld. Wenn ein Straßenjunge von den Marktständen etwas stiehlt, Obst oder ein paar Münzen, wird er verfolgt, gepackt und fast totgeschlagen.

Globalisierung, dieser schillernde Begriff steht für die wirtschaftlichen und politischen Veränderungen der letzten Jahrzehnte; die Vermehrung und Intensivierung der weltweiten ökonomischen, sozialen und politischen Beziehungen. Globalisierungsbefürworter (wie der ehemalige Vorstand der Forschungsabteilung der Weltbank und Professor in Harvard Paul Collier) (vgl. Collier 2008) behaupten, diese Entwicklung habe den armen Ländern den Weg zum Wohlstand geebnet; die große Mehrheit der Armen des „Südens" bewege sich inzwischen auf einen gewissen Wohlstand zu. Erstmals in der Geschichte sei die globale Armut auf dem Rückzug, so dass heute bereits 5 Milliarden Menschen im Wohlstand lebten oder zumindest auf dem Weg dorthin seien.

Wer würde diesen Optimismus nicht gerne teilen? Aber offensichtlich ist doch, dass die Globalisierung die Risiken, aus dieser positiven Dynamik ausgeschlossen zu werden, weltweit verändert, vermehrt und vertieft hat. Immer mehr Menschen fallen aus den sozialen, politischen, rechtlichen und kommunikativen Systemen der Gesellschaften heraus. Die Folgeerscheinung ist weltweit zu beobachten, wenn auch von Land zu Land unterschiedlich intensiv. Darüber, dass es einen riesigen Rest von Ausgeschlossenen gibt, übersehen auch die Globalisierungsbefürworter nicht: eine Milliarde Menschen, die Ärmsten der Armen, vor allem in Afrika und Zentralasien, Menschen mit einer Lebenserwartung von kaum 50 Jahren, die, in Ländern ohne jegliches Wirtschaftswachstum, unter Seuchen, Bürgerkriegen und Analphabetismus leiden. Sie haben den Anschluss längst verpasst, verharren auf ihrem ärmlichen Stand oder fallen sogar noch weiter zurück. Weltweit werden über 22 Millionen Flüchtlinge gezählt, Scharen von Menschen, „Kollateralverluste des wirtschaftlichen Fortschritts", sind die Verkörperung des Außenseitertums.

Die meisten der Menschen auf dem Rojas Pinilla-Platz sind Flüchtlinge, Vertriebene vom Land, wenn nicht in der ersten, so in der zweiten und dritten Generation, oder Binnenflüchtlinge der Stadt. Was sie hinter sich gelassen haben, war ja nicht nur ein Stück Boden, und was sie verloren haben, ist nicht nur ein mehr oder weniger auskömmliches Leben. Sie sind Teil einer neuen sozialen Klasse, ärmlicher als die traditionellen Obdachlosen, Landstreicher und Bettler. Sie haben ihre Dörfer und Städte verlassen, die heute zerstört und tot daliegen. Zum Beispiel das kolumbianische Carmen de Bolívar: Von 80.700 Einwohnern sind 56.000 geflohen, nachdem man sie terrorisiert und mit dem Tod bedroht hat.

Hinter den unermesslichen Zahlen stehen unvorstellbare Einzelschicksale. Die Menschen werden zermalmt von Kräften, die sie nicht verstehen und denen sie nichts entgegen zu setzen haben. Yaneth Marín zum Beispiel, eine junge Frau aus San Roque, wurde zusammen mit ihrem Mann und ihrer jüngsten Tochter, einem Mädchen von gerade einmal einem Jahr, ermordet. Sie hatten sich gerade von den Autodefensas, paramilitärischen „Selbstverteidigungsgruppen", losgesagt und ihre Waffen übergeben, um vom staatlichen Programm zur Wiedereingliederung ehemaliger Paras und Guerilleros zu profitieren. Den Mordanschlag, verübt von ehemaligen Genossen, die befürchteten, von den Abtrünnigen verraten zu werden, überlebten drei ihrer Kinder. Die Waisen von vier, acht und zehn Jahren haben keine Verwandten, lediglich eine Großmutter, die sie seit Jahren nicht mehr gesehen haben. Yaneth, ihre Mutter, war als Mädchen stets eine gute Schülerin gewesen. Zu den Selbstverteidigungsgruppen war sie gestoßen, weil sie ein Auskommen für sich und ihre Kinder suchte. Dort war sie schnell zu einer verantwortlichen Position aufgestiegen. Als Kind hatte sie selbst ihren Vater verloren. Er war von der Guerilla ermordet worden. Mit unbändiger Wut über dieses Verbrechen war Yaneth aufgewachsen. Kurz nach dem Tod des Vaters wurden sie samt ihrem kleiner Bruder von der Mutter verlassen. Sie blieben zurück, jetzt ganz auf sich allein gestellt, aber noch viel zu klein, um nach Medellín aufzubrechen und sich dort eine besser Zukunft suchen können. Drei Jahre später wurde der kleine Bruder Yaneths von einem Guerillero getötet. Dann trat sie einer Gruppe der Paramilitärs bei.

Verlassene Dörfer, Städte und Gehöfte – das heißt ausgelöschte Gemeinschaften, verwehte Traditionen, Erinnerungen, die keiner mehr hat. Die Kinder der Vertriebenen werden aufwachsen, ohne sich irgendwo einbetten zu können. Es gibt Kinder von sieben, acht Jahren, die bereits mehrere Vertreibungen in ihrem kurzen Leben überstanden haben. Nach Wochen, Monaten und Jahren in irgendeiner Stadt angelangt, finden sich die Menschen, einfache Bauern, Landpächter, Viehzüchter, vor wie auf einem anderen Planeten. Dort im Stein- und Asphaltdschungel der Metropolen ist nichts mehr von Wert, was sie wissen und können, zum Beispiel Land bearbeiten, sähen, melken. Viele von ihnen haben weder lesen noch schreiben gelernt, und dieses Manko bereitet ihnen jetzt in der Stadt die Hölle. Ohne Familie, ohne Verwandte stehen sie alleine da, und nie mehr werden sie zurückkehren können. Was Leben und Gemeinschaft ausmachen – Gedächtnis, Kultur, Geschichte, Familie, Grund und Boden –, ist dahin (Abb. 3 und Abb. 4).

Abbildungen 3 und 4: Der Fluchtweg vom Land in die Stadt dauert oft Monate oder gar Jahre. Unterwegs richten sich die Vertriebenen in ärmlichen Behausungen ein.

Die Zerstörung des äußeren und inneren Lebens ist eine Folge des Krieges, der in Kolumbien stets auch um Grund und Boden geführt wurde. In der ersten Hälfte des 20. Jahrhunderts waren es die Großgrundbesitzer, die die Kleinbauern, meist Kolonisten, von ihren Zellen vertrieben und sie durch bezahlte Arbeiter ersetzten. Dann begannen Guerilleros, Drogenmafia und Paramilitärs ihr Unwesen zu treiben. Zu Beginn des 21. Jahrhunderts gab es in 60 Prozent der Städte und Dörfer des Landes keinerlei Präsenz staatlicher Gewalt, keine Institution, die den Staat repräsentiert hätte. Die Guerilla trieb Steuern ein und finanzierte sich darüber hinaus durch Entführungen. Im Namen des Volkes machte sich die Guerilla der FARC grausamster Massenmorde an wehrlosen Bauern, unter ihnen Frauen und Kindern, schuldig. In Bojaya – das war im Jahr 2002 – warfen sie mitten in eine Kirche, in die über hundert Menschen geflüchtet waren, die meisten von ihnen Frauen und Kinder, Gasflaschen hinein, die wie Bomben explodierten und die Menschen zerrissen und verbrannten. Die Paracos sind nicht besser, auch sie töten nach Willkür und rauben riesige Ländereien zusammen. Paramilitärs und Guerilleros bekämpfen sich aufs Blut, um die Vorherrschaft zu gewinnen. Oft kooperieren die Selbstverteidigungsgruppen mit dem staatlichen Heer und verrichten für dieses das grausame Geschäft der Massentötungen. Infolge des Terrors entstanden Gegenden, über die der Staat keine Gewalt hat. Ganze Landstriche sind heute entvölkert, Güter, Siedlungen, Bauernhöfe zerstört. Und die Regierung ist zu schwach, um sich zu wehren, den Vertriebenen ihr Land – 5 Millionen Hektar – zurückzugeben und ihnen Recht zu schaffen (vgl. Los desterados 2008: 54 ff).

Straßenbewohner, versehen mit dem Stigma der Vertreibung, werden von den Menschen, in deren Lebensbereich sie eindringen, auf Distanz gehalten, ohne realistische Perspektive auf Eingliederung. Einmal Müll, immer Müll. Selbst noch auf der Müllhalde trifft sie der Hass der anderen, die nur Abstand gewinnen und Abstand halten wollen. Zygmunt Bauman hat ihr Schicksal im Weltmaßstab auf beklemmende Weise beschrieben. Die Erste Welt, so seine Analyse, produziere nicht nur materiellen Überfluss, sondern auch Armut. „Die flüchtige Moderne ist eine Zivilisation des Exzesses, des Überflüssigseins, des Abfalls und der Entsorgung von Abfall." (Bauman 2005: 136)

In Kolumbien kann man beobachten, wie sich Straßenbewohner dem Abfall angleichen, aus dem sie ihre Lebensgrundlage ziehen. Abfallmenschen, die auf Abfallhaufen vegetieren und vom Abfall anderer leben. Moravia heißt ein Wohnhügel in Medellín, entstanden als „invasión", als wilde Besiedelung auf einem gigantischen Abfallhaufen, wo heute noch aus dem Boden die Dämpfe aufsteigen und die Kinder vergiften. Bauman behauptet, dass der nicht regulierte und politisch nicht kontrollierte Globalisierungsprozess eine ständig steigende Zahl von Menschen hervorbringe, denen die Lebensgrundlage im biologischen wie soziokulturellen Sinn vorenthalten werde. Auf Weltebene gebe es kein globales Politikkonzept, kein Recht, keine Verfassung, keine Demokratie, die in der Lage sei, dieser Entwicklung Einhalt zu gebieten. Stattdessen treffe eine globale Herrscherschicht unabhängig von nationalen Gesetzgebungen alle wichtigen wirtschaftlichen Entscheidungen nach eigenem Kalkül.

Die Folgen dieser Entwicklung sind verheerend: Während die soziale Heimatlosigkeit der Ausgeschlossenen, die Unordnung, Verwirrung und Bestürzung, in der sie leben, zum Verlust von Selbstwertgefühl, Würde und Lebenssinn führen, legen es die Reichen darauf an, zwischen sich und den andern, zwischen den Nützlichen und dem Abfall, unüberwindbare Grenzen zu ziehen. Dass dies so ist, kann jeder Besucher einer beliebigen südamerikanischen Großstadt mit eigenen Augen sehen: Neben den reichen Vierteln gibt es die Problemgebiete, Gegenden, in die sich kein Bessergestellter hineintraut, zum Beispiel die Comunas an den Hängen der Berge um die Stadt Medellín herum. Die kolumbianische Hauptstadt Bogotá ist in zwei Bereiche geteilt. Im Norden wohnen die Reichen, die den armen Süden, Ciudad Bolivar, nie persönlich kennen lernen werden. Eine unsichtbare Grenzmarkierung hält sie davon ab, die zwischen ihrer und der anderen Welt, zwischen Ordnung und Chaos verläuft. Neben den unsichtbaren gibt es auch handfeste Grenzmarkierungen, mit denen die Reichen ihr Hab und Gut schützen: vergitterte Fenster, bewaffnete Wächter, die vor dem Haus patrouillieren, und Sicherheitszäune um die Viertel der Vornehmen herum. Aber alle Abgrenzungsversuche können die Angst derer, die sich bedroht fühlen, nicht beschwichtigen. Die Akkumulation der Überflüssigen in den Slums der großen Städte birgt eine unsichtbare Gefahr und nährt die panische Vorstellung, dort könne plötzlich der Punkt der Selbstentzündung erreicht werden, und die Explosion würde den Rest der Stadt, des Landes, der Welt ins Chaos stürzen.

Der an den Rand Gedrängte, der Außenseiter ist der Bote des Elends, das einen selbst treffen könnte. Die Angst vor Fremden, Obdachlosen, Arbeitslosen wächst mit dem Bedrohtheitsgefühl. Je niedriger die eigene Soziallage ist, umso stärker regt sich das Bedürfnis, sich von Menschen abzugrenzen, die noch weiter unten in der Sozialhierarchie stehen. Die Unsicherheit angesichts des drohenden Abstiegs zerstört den Zusammenhalt der Gesellschaft und produziert eine gruppenbezogene Menschenfeindlichkeit, die sich in Kolumbien vor allem auf Straßenbewohner, in anderen Ländern auf die eigenen Armen und Ausgegrenzten bezieht. Die menschliche Fähigkeit zu Empathie und Fürsorglichkeit wird dabei herabgesetzt und von ökonomischen Prinzipien wie Effizienz und Nützlichkeitsdenken überformt und zurückgedrängt. Den Status quo und die eigene materielle Existenz zu sichern, ist vorrangig. Der ethische Charakter menschlicher Beziehungen bleibt auf der Strecke, und statt Verantwortung für das Wohlergehen und Wohlbefinden anderer zu übernehmen, machen sich Gleichgültigkeit, Nichtbeachtung und Hass breit.

Exklusion auch in Deutschland

Exklusionsphänomene sind nicht nur in Entwicklungsländern, sondern auch im Norden, ja sogar in Deutschland zu beobachten, trotz allen Reichtums. Tatsächlich hat es nie so viel Luxus auf der Welt gegeben wie in den heutigen Industriestaaten, Wohlstand für so viele Menschen. Die Realität hat die Paradiesvorstellungen früherer Zeiten längst überholt. Und dennoch spüren die Menschen, dass sie Teil einer Dynamik geworden sind, die sie nicht beherrschen, kaum kontrollieren und aus der sie nicht mehr aussteigen können. Jeder Fortschritt muss sofort überboten werden. Es herrscht ein tragisches Wachstum von Gütern und Gebrauchsgegenständen, die so schnell konsumiert werden, dass keine Zeit bleibt, sie mit Bedacht anzuschauen, sie zu genießen, sie sich anzuverwandeln. Es herrscht die Hast nach dem Glück, das sich nicht erfüllt. Diese Entwicklung macht nicht nur schwindelig, sie schürt auch die Angst, auf einmal nicht mehr mithalten zu können, abgehängt zu werden, zumal keiner weiß, wohin die Reise geht. Die beschleunigte Welt unterhöhlt die emotionale Bodenhaftung, ohne die weder Wohlbefinden noch Kreativität noch Humanität gedeihen können – geschweige denn Glück.

Während die Zugewinngesellschaft die Welt mit Reichtümern voll stopft und Wachstum zum Selbstzweck verkommt, gedeiht im Schatten des Fortschritts die materielle Armut (vgl. Assheuer 2008: 49 f). Die Schere zwischen Arm und Reich öffnet sich weiter. Es gibt immer mehr Arme und ganz wenige, die reicher und reicher werden. Dies gilt nicht nur für die Länder der Dritten Welt, sondern auch für den industrialisierten Norden, für Deutschland. Zum ersten Mal in der Geschichte wachsen Rendite und Armut gleichzeitig. Eine Studie des Deutschen Instituts für Wirtschaftsforschung belegt, dass die bislang stabile Mittelschicht in atemberaubendem Tempo nach unten wegbricht, die Abwärtsmobilität kann jeden treffen (vgl. Assheuer 2008: 49). Dabei kommt es zu einer dramatischen Verschlechterung der Lage armer Kinder. Trotz der wirtschaftlichen Konsolidierung der letzten Jahre und sinkender Kinderzahl lebten im Jahr 2007 in Deutschland etwa 3 Millionen arme Kinder, 2,6 Millionen von ihnen in Familien, die auf Hartz IV angewiesen waren. Die betroffenen Kinder wachsen oft in chaotischen Familienstrukturen und fern jeder Bildung auf. Armut bedeutet eine dramatische Minderung der Chancen auf einen guten Schulabschluss und eine erfolgreiche Zukunft. Sie wird von einer Generation auf die andere vererbt. (Hartz-

IV-Empfänger bekommen für ihre Kinder 208 Euro im Monat, 6,80 Euro pro Tag, davon 2,57 Euro für Ernährung und Getränke, während ein Mittagessen in Schulen und Kitas oft schon 2,50 bis 3,50 Euro kostet.) So wird früh eine gesellschaftliche Desintegration in Gang gesetzt, und eine Befreiung aus der Spirale der Armut ist später kaum möglich.

Indessen wird das soziale Klima rauer. Das in das Gefühl der Menschen eindringende ökonomische Räsonnieren und das wirtschaftliche Effizienzkalkül nähren Ressentiments und setzen moralvernichtende Effekte frei. Immer mehr Menschen in Deutschland neigen der Auffassung zu, die Gesellschaft könne sich unnütze Menschen nicht mehr leisten. Nach einer neueren Studie (vgl. Die Zeit 2007: 14) sind 40 Prozent der Deutschen der Ansicht, dass in unserer Gesellschaft viel zu viel Rücksicht auf Versager genommen werde, und dass Nachsicht mit ihnen unangebracht sei. Ein Viertel aller Deutschen hält moralisches Verhalten für einen Luxus, den wir uns nicht mehr leisten können.

Babystrich

Eines der Stundenhotels am Rande des Rojas Pinilla Platzes heißt „Castillo", „Schloss". Seine Räume liegen über einer Bar im zweiten Stock, kleine quadratische, schmucklose Zimmerchen, gekalkte Wände, je eine Pritsche mit Matratze und Decke, am Kopfende eine halbe Rolle Toilettenpapier. In einigen der Zimmer hausen fröhliche, wie Jungen aussehende Mädchen, die schreien, toben und sich betont burschikos geben. Unter ihnen fällt ein blasses, ätherisches Mädchen auf. Es hat dünne Arme, langes gewelltes Haar, seine Haut ist so durchsichtig, als habe es seit Monaten keinen Sonnenstrahl abbekommen.

Das zarte und eines der burschikosen Mädchen geben sich als Liebespaar zu erkennen. Sie bewohnen ein kleines Zimmer. Dort gibt es kein Außenfenster, ein Teil des Raumes ist für die Toilette reserviert. Die Wände sind von oben bis unten mit Fotos und Plakaten geschmückt: muskulöse Männer, daneben Jesus- und Marienbilder, in der Mitte der Heiland mit blutendem Herzen. Auf kleinen Regalen ist Spielzeug aufgereiht, Püppchen, Bären und Plüschtiere (Abb. 5 und Abb. 6).

Vom Balkon des Hotels aus kann man den ganzen Platz bis zur Rojas Pinilla-Statue überschauen. Zu ihren Füßen sitzt Kely, die Augen geschlossen, so döst sie vor sich hin, schwankt fiebrig im Drogenrausch. Irgendwann steht sie auf, tappt tollpatschig hin und her und findet nur langsam ins Leben zurück.

Abbildungen 5 und 6: Straßenmädchen in Medellín

Ein hübsches, schlankes Mädchen, kurzes dunkles Haar, feine Gesichtszüge. Sie ist spärlich bekleidet. Die kurze Bluse lässt den Nabel frei. Die Sätze kommen abgerissen, erst mit der Zeit spricht sie zusammenhängend. Kely ist 15 Jahre alt und treibt sich hier auf dem Babystrich herum. Auf den stadtbekannten Straßen mit den meisten Prostituierten spielen Kleinkinder in Scharen, Prostituiertennachwuchs, künftige Straßenkinder. Kely lebt seit drei Jahren hier. Von der Mutter, geschweige denn von einem Vater – der ist längst gestorben – hat sie nie Unterstützung, gar Verständnis erfahren. „Ich bin nicht wählerisch", sagt sie. „Jeder Mann ist mir recht. Das bringt mir jedes Mal 20.000 Pesos ein."

Ein Steinwurf von Kely entfernt halten sich Andrés und Liliana auf. Sie haben stolz mitgeteilt, dass sie ineinander verliebt sind, ein richtiges Liebespaar. Sie, das schlanke Mädchen ist dreizehn Jahre alt, hat schmächtige Ärmchen. Die Haare sind kurz geschnitten, die Züge fein, und die Augen schauen, wenn sie nicht unter der Wirkung des Kleberschnüffelns matt und trübe sind, lebhaft in die Welt. Er ist ebenfalls dreizehn, etwa gleich groß, doch fester gebaut, stärker und wendiger. Oft streiten sie um die gemeinsame Kleberflasche. Wenn er sie schlägt, wehrt sie sich nach Kräften. Von Liliana haben wir erfahren, dass sie in einem schäbigen Zimmer eines der anderen Stundenhotels in der Nähe des Rojas Pinilla-Platzes wohnt. Sie putzt dort gelegentlich Flure und Balkone und lebt ansonsten von der Prostitution. Fünf Jahre, sagt sie, sei sie nun schon auf der Straße. Wir haben mit ihr zusammen ihre Großmutter besucht. Sie wohnt im höchstgelegenen Teil des Elendsgürtels über der Stadt, in Santo Domingo. Wir schwebten mit der Drahtseilbahn hinauf. Sie habe sich mit allen Kräften um die Kleine bemüht, sagte die alte Frau, am Ende aber habe sie nichts ausrichten können.

Bei der Gelegenheit suchten wir auch Andrés Familie auf. Sie wohnt etwas weiter unten, in Blickweite vom Haus der Großmutter Lilianas. Andrés Mutter wurde aus der Nachbarschaft herbeigerufen. Alle Hausbewohner versammelten sich, elf Frauen, zwei Tanten, eine Schwester von Andrés, die mit ihren vierzehn, fünfzehn Jahren ein Kind säugte, das vor acht Tagen zur Welt gekommen war. Ohne Umschweife gab Andrés Mutter zu verstehen, dass sie mit ihrem Sohn Schluss gemacht habe, ein für alle Mal. Hin und wieder, sagte sie, gehe sie hinunter zum Rojas Pinilla-Platz. Dort halte sie sich dann versteckt im Eingang eines Geschäftes auf und beobachte ihren Sohn. Manchmal sei sie so traurig, dass sie sich am liebsten umbringen würde, sich selbst samt ihren Kindern.

In Medellín soll es nach einer neuen Untersuchung 4.800 „indigentes", Obdachlose, geben. Die Zahl ist sicher zu niedrig gegriffen. Eine andere Erhebung hat in der Stadt 4.000 Straßenkinder ausgemacht (vgl. Los viajes del abuso 2008: 6a; La explotación sexual, camino de la prostitución 2008: 7a). In Bogotá soll es derzeit etwa 8.500 Obdachlose, unter ihnen ebenfalls 4.000 Straßenkinder, geben (vgl. Alcaldia revela censo realizado en el 2007: Hay 8.385 indigentes en Bogotá 2008: 1 ff). Statistische Erhebungen zu

Straßenkindern und Kinderprostitution sind wenig aussagekräftig. Die Untersuchungsergebnisse besagen nur und bestenfalls, wie viele Personen zum Zeitpunkt der Befragung von in der Regel gering bezahlten und wenig motivierten Interviewern angetroffen wurden, die sich hüten würden, in bestimmte Viertel der Stadt einzudringen. Von den 4.000 gezählten Kindern, Jungen und Mädchen, sollen sich 2.000 prostituieren. Welches Kind wird die Frage nach seinem Gewerbe einem Fremden offen und wahrheitsgemäß beantworten?

Tatsache ist, dass es viel mehr Obdachlose und viel mehr Straßenkinder gibt, als gezählt werden. Ihre Zahl ist in den letzten Jahren gewachsen. Wahr ist auch, dass so gut wie alle Jungen und Mädchen mehr oder weniger regelmäßig auf den Strich gehen. Die meisten der erwachsenen Straßenbewohner leben dort seit ihrer Kindheit. Dies zeigt, dass in einem Land wie Kolumbien Obdachlosigkeit ein mit der Kindheit zusammenhängendes Phänomen ist und dass die Maßnahmen, die Abhilfe schaffen sollen, weithin unwirksam sind. Nach zugänglichen statistischen Erhebungen scheint die Zahl der Straßenbewohner seit 2004 leicht abzunehmen. Bei offiziellen Zählungen stieß man in Bogota 1997 auf 4.515, 1999 auf 7.793, 2001 auf 11.832 und 2004 auf 10.077 Obdachlose. Nach unseren eigenen Beobachtungen im Zentrum Medellíns ist die Zahl der Straßenkinder im genannten Zeitraum eher gewachsen. Vor allem fällt auf, dass es mehr Straßenmädchen als früher gibt, dass die sich prostituierenden Kinder immer jünger werden und dass immer mehr Mädchen auf der Straße schwanger werden.

Meist halten sich Straßenbewohner in den Stadtzentren auf, und zwar bevorzugt dort, wo der Drogenhandel blüht. Überhaupt ist, noch vor familiären Konflikten und der prekären ökonomischen Situation, der Drogenkonsum die hauptsächliche Ursache, die die Obdachlosen auf der Straße hält. So gut wie alle Straßenkinder sind drogenabhängig; sie schnüffeln, konsumieren Basuco und Marihuana, die billigsten Drogen. Das Geld dafür besorgen sie, indem sie den Müll nach Verwertbarem durchwühlen, durch Betteln, Diebstahl und andere kriminelle Akte. Das Geschäft mit der Prostitution weitet sich, zumindest in Medellín und Umgebung, immer weiter aus. Homosexuelle und Transvestiten zeigen sich sogar in diesem vom Machismo geprägten Land immer offener. Vom Rojas Pinilla-Platz gehen Straßen aus, wo der Frauen-, Kinder- und Transvestitenstrich blüht.

Die Prostitution hat in Kolumbien auf weite Gesellschaftsgruppen übergegriffen. Schülerinnen und junge alleinstehende Mütter verdingen sich in diesem Geschäft, weil sie auf diese Weise verhältnismäßig leicht zu Geld kommen. „Ich bringe es immerhin auf 200.000 Pesos an einem einzigen Wochenende“, berichtet ein Kind stolz. Tausende von Mädchen fahren am Freitagabend mit dem Bus hinaus in die Naherholungsgebiete und an bestimmte, stadtbekannte Orte, wo die Lastwagenfahrer rasten oder die Drogenbarone ausschweifende Festgelage veranstalten. Nach Untersuchungen des staatlichen kolumbianischen Instituts Bienestar Familiar werden die Prostituierten immer jünger, die meisten sind 13 bis 16 Jahre alt. In Medellín soll es Vermittlungsagenturen geben, wo man Gruppen von Mädchen für Wochenendfeste auf dem Land bestellen kann. Ins lukrative Vermittlungsgeschäft sind Taxifahrer, Kioske und fliegende Händler involviert, die sich üblicherweise mit dem Verkauf von Süßigkeiten und Zigaretten über Wasser halten. Die Tageszeitung El Colombiano meint, dass sich die Kinderprostitution statistisch kaum erfassen lässt, zumal die eigenen Familien der Mädchen das Gewerbe fördern und decken. Ganze Stadtviertel wie die Comuna 10 haben sich darauf spezialisiert. In kürzester Zeit hat die Prostitution Jugendlicher um 100 Prozent zugenommen (vgl. Los viajes del abuso 2008: 7a). In manchen Slums von Medellín sollen 60 bis 70 Prozent aller Frauen der Prostitution nachgehen. Wir selbst beobachten, dass die jüngsten Kinderprostituierten nicht mehr 14, sondern 8 und 9 Jahre alt sind.

Gegen sechs bricht in Medellín die Dämmerung herein, und schnell senkt sich die Nacht über die Stadt. Im Schein der Straßenlaternen blüht jetzt für kurze Zeit das Leben auf dem Rojas Pinilla-Platz noch einmal auf, dichter, geheimnisvoller als am Tag. Jetzt ist es höchste Zeit für das blonde Mädchen aus dem Hotel „Castillo“. Sie verabschiedet sich und geht ihrer Arbeit nach. Während sie die enge Treppe zum Platz hinunter steigt, plärrt aus dem obertonreichen Lautsprecher, den sie auf dem Balkon des Hotels positioniert haben, das bekannte Lied weit über den Platz hin: *„Yo también soy la hija de nadie, solo cuento con un apellido, tengo que agradecerle a mi madre. A mi padre, ni lo he conocido, creo que debe de ser un cobarde...“ („Auch ich bin so eine Tochter von niemandem, habe nur einen Vornamen, den verdanke ich meiner Mutter. Meinen Vater habe ich nie kennen gelernt. Er muss wohl ein Feigling gewesen sein...“)*

Kolumbien – Armut und Gewalt

Wie soll man erklären, was in diesem Land geschieht? Je länger man sich dort aufhält und umso mehr es zu berichten gibt, umso weniger ist zu verstehen. Dennoch sollte man einiges wissen. Von den 550 Millionen Einwohnern des lateinamerikanischen Subkontinents leben heute mehr als 200 Millionen unter der Armutsgrenze. 80 Millionen leiden Hunger. In Kolumbien kommt zum allgemeinen Elend die Gewalt hinzu. Millionen von Menschen sind auf der Flucht, 2,5, 3,5 oder 4 Millionen, je nachdem, wann man mit der Zählung beginnt. Massenhaft werden weitere Flüchtlinge produziert, Woche für Woche. Früher verließen die Campesinos ihr Land wegen der Armut und weil sie keine Perspektiven sahen, heute sind es die Massaker von Guerilla, Paramilitärs, Drogenmafia und Heer, die sie vertreiben. Am 9. April 1948 wurde der aussichtsreiche Präsidentschaftskandidat Jorge Eliécer Gaitán erschossen. Das Attentat löste einen Bürgerkrieg aus, die Violencia, in deren Verlauf innerhalb von zehn Jahren 300.000 Menschen getötet wurden. Der Krieg wurde nie richtig beendet, und bis heute sind die Folgen spürbar.

Der Kampf zwischen Konservativen und Liberalen weitete sich zum Verteilungskampf um Grund und Boden aus. Aus bäuerlichen Selbstverteidigungsgruppen ging 1964 die Guerilla der FARC hervor, die sich durch den Drogenhandel und Entführungen finanziert und sich durch unvorstellbare Grausamkeiten alle Sympathien im Land verscherzt hat. Oberschicht und Großgrundbesitzer brachten gegen die Guerilla die AUC, paramilitärische Selbstverteidigungsgruppen, in Stellung. 1958 einigten sich die Liberalen und Konservativen in der Frente Nacional darauf, die Macht zwischen sich aufzuteilen. Erst 1991 endete der duale Ballwechsel. Aber die Gewalt ging weiter. In Kolumbien sind, trotz verschiedener Versuche einer Landreform, bis heute über 40 Prozent des Bodens in der Hand von 1,3 Prozent der Bevölkerung. Seit 1980 wird das Ungleichgewicht durch den boomenden Drogenhandel verschärft. 40 Prozent des fruchtbaren Bodens sollen dem Drogenanbau dienen. Guerilla und Paramilitärs vertreiben die Kleinbauern, um den Anbau von Koka und den Handel mit Kokain selbst betreiben und ausweiten zu können. Alle Verhandlungen der kolumbianischen Präsidenten mit den „Befreiungsbewegungen", die samt und sonders ins Drogengeschäft eingestiegen sind, sind gescheitert. Als 1985 Teile der Guerilla nach einem Waffenstillstand eine legale Partei gründeten, die Unión Patriótica, wurden innerhalb weniger Monate 3.000 Mitglieder ermordet. Außer den Millionen Flüchtlingen und Vertriebenen sind 500.000 Kolumbianer nach Ecuador und Venezuela geflohen, unzählige haben sich sonst wohin abgesetzt, in die USA, nach Europa. Bis heute sterben in Kolumbien Jahr für Jahr etwa 20.000 Menschen eines gewaltsamen Todes.

Elton ist einer der jungen Männer auf dem Rojas Pinilla-Platz, die durch den Verkauf von Früchten ihren Lebensunterhalt bestreiten. Zum Thema Gewalt meint er: „Bei uns herrscht ein Krieg, den keiner erklärt hat. Das verstehst du nicht. Du müsstest erst mitten drin sein." Elton kommt aus Urabá. „Die Leute verrecken dort", erzählt er, „sie verhungern, obwohl es verdammt viel Geld gibt, Bananenplantagen, Öl. Alle Drogen gehen von Urabá aus über Panama in die USA." Dorthin kamen zuerst die Guerilleros, dann die Paramilitärs. Elton war Mitglied der Autodefensas, der so genannten Selbstverteidigungsgruppen. So konnte er sich über Wasser halten und seine Mutter versorgen. „Du kriegst eine Waffe und legst jemanden um. Dann zerlegst du ihn mit einer Kettensäge. Beim ersten Mal musst du von seinem Blut trinken. Das schmeckt, wenn es noch warm ist, so ähnlich wie Milch und hat einen Beigeschmack wie Eisen", sagt er. Elton wurde in einem Ausbildungscamp in den Bergen auf seine mörderische Arbeit vorbereitet. „Nach den Kämpfen", berichtet er, „konnten wir nicht mal die Leichen unserer eigenen Toten bergen, geschweige die unserer Gegner. Wir mussten sie mit Kalk überschütten und vergraben, wegen der Geier."

Patio13: Inklusionskräfte stärken

Melissa, Pädagogikstudentin der Escuela Normal Superior in Copacabana bei Medellín, ist 19 Jahre alt. Seit vier Jahren nimmt sie am Projekt Patio13 teil. Sie leitet eine der Gruppen von Studentinnen, die wechselweise an vier Nachmittagen der Woche auf dem Rojas Pinilla-Platz mit Straßenkindern arbeiten. In ihrem pädagogischen Tagebuch findet sich unter dem 8. September 2008 folgender Eintrag: „Heute haben wir etwa anderthalb Stunden mit zwei Mädchen des Rojas Pinilla-Platzes gearbeitet, ich selbst mit Yuliana. Wir hatten uns gründlich vorbereitet. Das Unterrichten auf der Straße ist anders, aber es muss mindestens so qualitätsvoll sein wie in der Schule. Yuliana ist zwölf Jahre alt, sieht aber wie eine Achtjährige aus, so klein und schmächtig. Thema war „Wie wir uns ernähren". Es ist wichtig, dass die Kinder auf der Straße zwischen wertvollem und ungesundem Essen unterscheiden lernen. Ohne dass wir sie gefragt hätten, fing Yuliana an, von ihrem Leben zu erzählen. Sie berichtete von ihren Geschwistern, ihrer Mutter, von deren Liebhaber, der niemanden ins Haus hineinlässt. Sie sprach auch von ihrer kleinen Schwester, die Krebs hat. Wir erfuhren, wie es kam, dass Yuliana auf der Straße landete. Dann erklärte sie uns, wie man einen Joint mit Marihuana dreht. Das war für uns, die wir ja älter sind als sie, sehr bewegend zu hören, zumal das Leben auf der Straße so gefährlich ist und niemand die Mädchen von dort wegholen kann, es sei denn, sie wollen es selbst. Heute habe ich gelernt, dass es nicht ausreicht, wenn ich mich als zukünftige Lehrerin mit dem Stoff, den pädagogischen Theorien und den Methoden beschäftige. Vielmehr muss ich den Kindern Gelegenheit geben, über ihr Leben und ihre Erfahrungen zu sprechen. Bei solchen Gesprächen kommen wir uns näher. Yuliana hat von der Armut, der Gewalt auf der Straße und von dem schlimmen Schicksal ihrer Familie berichtet. Bei diesen Kindern ist der Tod ganz nahe. Yuliana weiß, dass ihre kleine Schwester bald sterben wird."

Einhergehend mit dem dramatischen Kontrollverlust nationalstaatlicher Politik im Prozess der Globalisierung haben die traditionellen Inklusionsinstanzen – Wohlfahrt, Kirchen, Recht und auch die Erziehungssysteme – an Macht, Autonomie und Souveränität verloren. Globalisierung als die Durchsetzung des wirtschaftlich Machbaren sollte eigentlich begleitet, gezügelt und kontrolliert werden durch eine Ethik des human Wünschenswerten, so dass Markt und Moral, Wirtschaft und Gesellschaft nicht weiter auseinanderdriften. Der Markt müsste sich dem kulturellen und moralischen Wissen der Gesellschaft öffnen. Aber es fehlt an einer Art Weltinnenpolitik, einem Bewusstsein der Weltverantwortung aller, aus dem Maßnahmen abgeleitet werden könnten, die einem Weltethos verpflichtet sind.

Während wir auf die Verwirklichung dieser hehren Ziele warten, die auf eine neue Politik und Ordnung der Weltwirtschaft hinauslaufen, bescheiden wir uns im Projekt Patio13 damit, einen Prozess der kleinen Schritte einzuleiten. Wir haben uns auf die Bildung von Straßenkindern, dem letzten Glied in der Kette der Globalisierungsverlierer, spezialisiert. Patio13 ist ein Projekt, das die Chancen dieser Kinder durch Bildungsangebote verbessern will. Sie sollen fähig werden, ihr Schicksal in die eigene Hand zu nehmen. Um dies zu erreichen, setzen wir bei der Lehrerbildung an. Denn das pädagogische Know how findet sich naturgemäß in Schulen und Universitäten. Aber

Professoren und Lehrern fehlt meist das Bewusstsein, dass die Straße sie angeht. Patio13 baut deshalb Brücken zwischen der Schule und der Straße, zwischen der Lehrerbildung an Universitäten oder Hochschulen und der Straßenkinderarbeit. Studenten der Pädagogik, zukünftige Lehrer, sind die besten Multiplikatoren für eine neue Sicht der Dinge. Wir versuchen, sie für ein Vorhaben zu gewinnen, das sich der Stärkung von Inklusionskräften verschrieben hat, die den an den Rand gedrängten Kindern zugute kommen.

Patio13 ist eine Initiative, die gegen die milieubedingte Exklusion von Schule und Bildung angeht und für Straßenkinder, Schulflüchtlinge, Schulverweigerer eine kompensierende Elementarpädagogik entwickelt (Abb. 7 und Abb. 8).

Abbildungen 7 und 8: Grundbildung für Straßenkinder – die beste Investition für die Zukunft

Neben Nahrung und Unterkunft zählt Bildung zu den grundlegenden Bedürfnissen und Rechten des Menschen. Wenn alle Kinder und Jugendliche als gleichberechtigte Mitglieder der Gesellschaft anerkannt und zu sozialer Partizipation und selbstständiger Lebensführung befähigt werden sollen, müssen sie zumindest die elementaren Kulturtechniken, gesellschaftliches Basiswissen und eine grundlegende Sinn- und Wertorientierung erlernen. Nur so kann ihre Exklusion überwunden werden. Die schul- und bildungsfernen Kinder und Jugendlichen der Straße lernen lesen und schreiben, Mathematik und Naturwissenschaften, aber auch Musik, Malen und Tanz. Vor allem aber müssen ihr Selbstvertrauen gefestigt, ihre Fähigkeiten, das Leben zu bewältigen, verbessert werden. Gleichzeitig macht Patio13 die Öffentlichkeit auf das Phänomen Straßenkinder aufmerksam. Die Gesellschaften sollen sich mit der Tatsache auseinandersetzen, dass in manchen Ländern ein großer Teil jeder nachwachsenden Generation ein Leben auf der Straße fristen muss – ohne Zukunftschancen.

Bildung, die für Erfolg und Erfüllung des Lebens grundlegend ist, kann die gleichberechtigte Einbeziehung benachteiligter Kinder und Jugendlicher ins Bildungswesen und darüber hinaus in die Gesellschaft tatsächlich fördern. Die Erkenntnis, dass Armut und Bildung eng und auf vielfältige Weise zusammenhängen, ist nicht neu. Bereits Thomas von Aquin hat erkannt, dass arm sein nicht nur ein Defizit an Geld, sondern auch einen Mangel an sozialer Stärke, an Ansehen und Einfluss, darüber hinaus auch an Sicherheit und Wissen, bedeutet. Armut wird über das Bildungswesen weitergereicht und auf diese Weise generationenübergreifend stabilisiert. Das ist nicht nur in Entwicklungsländern, sondern auch bei uns der Fall. Materielle Benachteiligung führt zu Bildungsarmut, und Bildungsarmut zementiert die materielle Benachteiligung. Diesen Zusammenhang hat Pierre Bourdieu (1930-2002) unterstrichen, als er den Begriff „Kapital" nicht nur aufs Geld, sondern auch auf die Bildung anwendete. Wissen sei Kapital, der Besitz von Bildung und Kultur so entscheidend wie der finanzieller Mittel. Armut führe zu einem Mangel an kulturellen und sozialen Gütern, und das Defizit an dem einen (an Geld) ziehe das Defizit an den anderen (z. B. Bildung und Kultur) nach sich; umgekehrt ist es genauso (vgl. Bourdieu 1997 und 2002).

Provozierend ist die Kritik, die Bourdieu am bestehenden Schulsystem äußert: Dessen Funktion bestehe nicht nur darin auszubilden, sondern auch zu eliminieren. Schule ist tatsächlich eine der nachhaltigsten Exklusionsinstanzen. Chancengleichheit im traditionellen Schulwesen – das zeigt beispielhaft die Pisastudie – ist eine Illusion. Die Schule, so Bourdieu, bestätige nur die bereits stattgefundene soziale Vererbung des kulturellen Kapitals, indem sie die faktische Ungleichheit in eine scheinbar rechtmäßige verwandelt – durch Mystifikation. Schlechte Noten versetzen die Benachteiligten in den Glauben, dass alles mit rechten Dingen zugehe und das Schicksal, das ihnen die Gesellschaft beschieden hat, unentrinnbar sei.

Auf Abwertung als Folge der Notengebung reagieren die benachteiligten Kinder durch Rückzug. Sie nehmen die Schuld auf sich, und ihr Leben lang werden sie versuchen, ihr Manko zu verbergen. Die Lehrer haben dem kaum etwas entgegenzusetzen. Sie müssten aber lernen, die Ungleichheit in den Startbedingungen der Kinder zu erkennen, sich dieser Tatsache zu stellen und dagegen anzugehen. Alles Pädagogische muss erst daraufhin überprüft werden, ob es die Ungleichheit zementiert, die Inhalte, die Methoden, die Techniken, die Noten. Lehrer müssen ein Bewusstsein für die soziale Ungleichheit ihrer Schüler und einen feinen, selbstkritischen Blick für die subtilen Ausgrenzungstechniken der Schule und ihres eigenen Unterrichtens entwickeln.

Auf der Straße leben, heißt in einer anderen, fremden Welt zu überleben versuchen. Straßenkinder weisen Defizite auf, sie haben aber auch Stärken und bringen wertvolle Erfahrungen ein. Sie leiden unter Beeinträchtigungen, verfügen aber auch über einen starken Überlebenswillen. Oft zeigen sie eine außergewöhnliche Kreativität. Bevor man ihnen helfen und Lernangebote machen kann, muss man sie verstehen.

Im Projekt Patio13 haben wir Wege der Annäherung an ihre Welt entwickelt. Sie zielen darauf ab, eine fremde Lebensweise zu verstehen. Als wir im Jahr 2002 mit dem Projekt begannen, gaben wir zunächst einer Schar von Straßenkindern und -jugendlichen im Zentrum Medellíns Einwegkameras und baten sie, Fotos von ihrer Lebenswelt aufzunehmen, um damit über sich selbst zu berichten. Die Jungen und Mädchen waren sofort bereit, sich an dem Vorhaben zu beteiligen. Wir drückten ihnen Einwegkameras in die Hand und stellten ihnen in Aussicht, dass sie später ihre Bilder öffentlich ausstellen könnten. Dieses Angebot sprach sich schnell herum, jeder wollte einen, am liebsten gleich zwei Apparate haben. Unsere Befürchtung, dass sie diese an der nächsten Ecke verhökern würden, bestätigte sich nicht. Zu verlockend war die Aussicht, bald eigene Fotos in Händen zu haben. Spätestens am übernächsten Tag brachten die meisten von ihnen die Kameras zurück – vollgeknipst (vgl. Weber & Jaramilla o.J.: 16 ff).

Eine andere Methode ist von gleichem Zuschnitt: In der Annäherung an den Anderen wollen wir erkennen, wer er ist, wie er fühlt und denkt. Bei der Begegnung mit Kindern und Jugendlichen der Straße stellten wir schnell fest, dass ihre Haut voller Narben ist und ihre Körper viele Wunden aufweisen, verheilte und offene, die von Schlägen und Messerstichen, Pistolenkugeln und Verkehrsunfällen herrühren. Darüber erzählen Straßenkinder offen und ausführlich. Sie lieben es, ihren Körper zur Schau zu stellen, ihre Narben zu zeigen und zu berichten, wie es zu dieser und jener Verletzung von

Schultern, Armen und Beinen gekommen ist. „Sieh hier und da, was mir passiert ist!“ Wenn sie zu erzählen beginnen, schlüpfen sie aus der Jacke und dem Hemd heraus und machen Hals oder Schulter frei, um dem Nachdruck zu verleihen, was sie einem vor Augen stellen. Die Unterhaltung mit ihnen ist nun nicht mehr mühsam; sie äußern sich spontan und führen das Gespräch selbst von Ereignis zu Ereignis weiter. Andere hören zu, anfangs meist etwas zurückhaltend, und dann fallen sie mit der Schilderung eigener Erlebnisse, Beobachtungen und Abenteuer ins Gespräch ein.

In diesen Augenblicken ist zu spüren, dass die jungen Straßenbewohner dringend jemanden brauchen, der ihnen zuhört. Sie zweifeln nicht daran, dass ihre Geschichten wert sind, erzählt und angehört zu werden. Sie sprechen mit Erregung und Stolz und offenbaren dabei ihren Körper, wie man ein Fotoalbum öffnet. In ihren Geschichten sind sie nicht nur die Malträtierten, sondern auch die Helden. Sie erzählen über ihre Erlebnisse, ihre Herkunft, das Leben im Wohnviertel, aus dem sie kommen, über alltägliche Streitigkeiten, Beziehungen und Probleme, über die Liebe und ihre moralischen Grundüberzeugungen, über Wut und Hass und den Wunsch, sich wegen mancher Ungerechtigkeit an diesem oder jenem fürchterlich zu rächen (vgl. Weber & Jaramilla o.J.: 16 ff).

Einen weiteren Zugang zur Lebens- und Vorstellungswelt jugendlicher Straßenbewohner öffneten wir in dem Forschungsprojekt „Religion der Straße“. Wir hatten festgestellt, dass wir immer noch viel zu wenig von ihren Gefühlen und Phantasien wissen. Weshalb handeln sie so, wie sie handeln? Woran richten sie ihre Entscheidungen aus, am schlichten Überlebenswillen oder auch an längerfristigen Perspektiven? Von ihren Einstellungen und Überzeugungen, ihren Hoffnungen, ihrer Religion und Religiosität war uns kaum etwas bekannt. So machten wir uns auf die Suche nach Hinweisen auf ihre Grundorientierung, ihre Alltagsphilosophie, ihre Moral und Überlebensstrategien. Wir wollten herausfinden, wie sie, durch und durch katholisch, ihre Welt deuten, vernünftig oder unvernünftig, wirklichkeitskonform oder irrig, friedlich oder aggressiv, normativ oder grenzenlos, human oder unmoralisch. Wir wollten ihre Absichten, Gefühle und Hoffnungen besser verstehen. So fanden wir, ansatzweise, heraus, dass sie mit Hilfe einer eigenen Religion, einem Gemisch aus christlichen Überzeugungen und magischen Reminiszenzen, genau so wie andere Menschen auch, ihrer diffusen Existenz den Charakter einer einigermaßen kohärenten Lebensgeschichte zu verleihen versuchen. Über christliche Inhalte rudimentär informiert und zu frommer und magischer Praxis angeleitet, theologisch nur äußerst bruchstückhaft ins Bild gesetzt, von Lebens- und Zukunftsangst auch über den Tod hinaus gebeutelt, basteln sie sich von Situation zu Situation und nach eigenem Gusto eine Art Straßenreligion zusammen. Sie sind altruistisch oder egoistisch, hellsichtig oder dumm, gefesselt oder frei, je nachdem, wie das Leben gerade spielt. Damit beweisen sie, wie grenzenlos anpassungsfähig und situativ förderlich Religion sein kann (vgl. Weber & Jaramilla 2006: 50 ff).

Annäherung an die Lebenswirklichkeit der Straße ist eine Sache, Erkenntnisse daraus zu ziehen, sie weiter zu geben und für Maßnahmen zu sorgen, die die Zukunftsperspektiven von Straßenbewohnern verbessern, eine andere. Im Jahr 2006 ging aus der Bildungsinitiative Patio13 der Masterstudiengang „Pädagogik für Kinder und Jugendliche der Straße" hervor. In diesem Studium sollen junge Menschen zu Experten ausgebildet werden, die nachhaltige Bildungsangebote für Straßenbewohner entwickeln können.

Der viersemestrige Studiengang wird von den Pädagogischen Hochschulen und Universitäten in Heidelberg und Freiburg getragen und kooperiert mit Universitäten in Kolumbien. Durchgehend projektorientiert, steht im Mittelpunkt des Studiums ein eigenes anwendungsorientiertes Forschungsvorhaben, das die Studenten in jedem beliebigen Land, in dem es Straßenbewohner gibt, also auch in Deutschland, durchführen können (siehe www.strassenkinder.de oder www.patio13.de). Bisher wurden Themen wie die Folgenden untersucht: Entwicklung und Erprobung ethnographischer Forschungsmethoden im Feld der Straße; Alphabetisierung mit Hilfe einer durch Straßenkinder hergestellten Zeitung; Entwicklung pädagogischer und didaktischer Strategien beim Lernen mit instabilen und inhomogenen Gruppen; elementare Naturwissenschaften auf der Straße; Steigerung der Kreativität durch Tanz und Theater; Religion, Überlebensstrategien und Moral der Straße; Straßenmädchen, minderjährige Mütter und ihre Kinder; Gesundheit, Körper, Lebenskunst; Straßenbewohner produzieren eigene Medien usw.

So wichtig wie die Annäherung ans Feld der Straße, die Entwicklung einer Didaktik und Methodik der Bildungsarbeit für Straßenbewohner und die Einrichtung eines Studiengangs für Bildungsexperten der Straße ist eine Öffentlichkeitsarbeit, die darauf abzielt, das gesellschaftliche Bewusstsein für einen himmelschreienden Missstand zu wecken, die Tatsache nämlich, dass in vielen Ländern der Erde einem beträchtlichen Teil jeder neuen Generation jede Aussicht verwehrt bleibt, sein Leben menschenwürdig zu gestalten und an der Gesellschaft verantwortlich zu partizipieren. Dies zu erkennen und dagegen anzukämpfen, ist das Ziel der Bewusstseinsbildung, um die es im Projekt Patio13 geht: Alle Kinder der Welt, auch die obdachlosen und die Straßenkinder, haben ein Recht auf Entwicklung und Entfaltung ihrer Persönlichkeit, auf gewaltfreie Erziehung, Bildung und auf Schutz vor Vernachlässigung, Ausbeutung und Gewalt. Dieses Recht wird niemand bestreiten. Nun geht es darum, es nicht nur zu proklamieren, sondern Schritt um Schritt einzulösen.

Literatur

Alcaldia revela censo realizado en el 2007: Hay 8.385 indigentes en Bogotá (2008): In: El Tiempo, 28. August.

Assheuer, T. (2008): Der große Ausverkauf. In: Die Zeit, 27. März.

Bauman, Z. (2005): Verworfenes Leben. Die Ausgegrenzten der Moderne. Hamburg.

Bourdieu, P. (2002): Das religiöse Feld. Texte zur Ökonomie des Heilsgeschehens. Konstanz: Universitätsverlag.

Bourdieu, P. (1997): Das Elend der Welt. Zeugnisse und Diagnosen alltäglichen Leidens an der Gesellschaft. Konstanz: UVK.

Collier, P. (2008): Die unterste Milliarde. München, in: Die Zeit: 13.12.2007: 14.

La explotación sexual, camino de la prostitución (2008), in: El Colombiano, 17. August.

Los desterados (2008), in: Semana, 15. September.

Los viajes del abuso (2008): In: El Colombiano, 17. August.

Weber, H.; Jaramilla, S. S. S. (2006): Das blutende Herz. Religion der Straße. Frankfurt/Main.

Weber, H.; Jaramilla, S. S. S. (o.J.): Narben auf meiner Haut. Straßenkinder fotografieren sich selbst. Frankfurt/Main.

Thomas Laue

Homestories – Projekt des Essener Theaters zur Integration Jugendlicher

Ich möchte Ihnen von dem Projekt Homestories berichten und das auch zum Anlass nehmen, ein bisschen darüber nachzudenken, wie sich kulturelle Einrichtungen – und damit meine ich vor allem öffentlich geförderte Einrichtungen – zur Zeit verändern und auch in ihrem Selbstverständnis verändern *müssen*. Als wir im Jahr 2005 mit der neuen Intendanz von Anselm Weber nach Essen gekommen sind, haben wir uns – wie das immer so ist, wenn man ein Theater praktisch einmal leer räumt und es dann wieder einräumen kann – als erstes gefragt: an was für einem Ort befinden wir uns eigentlich?

Sie wissen, dass ein Stadttheater mittlerer Größe, wie das Schauspiel Essen eines ist, erstmal für so eine Art kultureller Grundversorgung in der Stadt zuständig ist. Essen ist eine Stadt mittlerer Größe, auch wenn sie manchmal so tut, als wäre sie eine Metropole. Essen ist nicht Berlin oder Hamburg oder München, wo es gleich mehrere Theater gibt, die sich mit ihrem Profil jeweils auf einen Bereich der theatralen Darstellung spezialisieren können, sondern das Schauspiel Essen ist *das* Theater in der Stadt. Sie wissen, dass der Begriff „Stadttheater" immer so ein bisschen einen Beigeschmack von Biederkeit, Geschlossenheit, Engstirnigkeit hat. Da ist nichts los. Das ist halt so ein bisschen langweilig. Und wir haben gesagt: Nein! Wir sagen stattdessen: Wenn wir ein Stadttheater neu erfinden wollen, in einer Stadt wie Essen, dann müssen wir es im besten Sinne tatsächlich als Stadttheater, als Theater in der Stadt und für die Stadt verstehen. Das heißt, wir müssen uns mit dem, was auf der Bühne stattfindet, immer auf den Ort beziehen, an dem sich diese Bühne befindet. So dass es irgendwann nicht mehr egal ist, ob dieses Theater jetzt in Essen oder in Braunschweig oder in Hannover oder irgendeinem anderen Ort steht, der durchaus vergleichbar sein kann, aber eben doch wieder ganz anders ist. Und wir haben damals angefangen, uns erst mal mit der Stadt selbst zu beschäftigen, wie man das ja automatisch tut, wenn man fremd und neu in einer Stadt ist.

Wenn Sie Essen anschauen, dann werden Sie feststellen, dass sie wie kaum eine Gegend komplett zweigeteilt ist – so wie das ganze Ruhrgebiet, das ja 2010 wunderbarerweise Kulturhauptstadt wird: Sie haben einerseits den Norden Essens mit dem alten Zechengürtel, wo früher die Kohle gefördert wurde. Die letzte große Zeche, die zugemacht hat, war auch die größte überhaupt: 1986 Zeche Zollverein. Sie haben dort, sozusagen im Schatten der Fördertürme, Viertel mit sehr hoher Arbeitslosigkeit – teilweise wie in einigen Regionen in Ostdeutschland, um die 20% und höher, wenn sie Richtung Gelsenkirchen fahren – und mit einem hohen Immigrantenanteil, teilweise auch mit einer nicht unbeträchtlichen Kriminalitätsrate. Dort leben viele bildungsferne Schichten. In der Mitte, und das ist glaube ich auch einzigartig, ist die Stadt geteilt: Durch die A 40, die als Autobahn einmal quer durch die Stadt geht und die parallel verlaufende Bahnlinie. Man kann fast sagen, das ist auch die soziale Teillinie dieser Stadt, denn wenn Sie dann in den Süden gehen – und das gilt für Essen wie für das Ruhrgebiet – kommen Sie in eine Gegend, von der Sie gar nicht erwarten, dass es sie dort gibt: Das Ruhrtal ist grün, vor allem rund um den Baldeneysee, dort haben mehrere DAX-Unternehmen ihren Sitz: RWE, RAG, die jetzt Evonik heißen, HochTief, Karstadt/Quelle, Postbank, bis vor kurzem noch Coca Cola. Die sitzen alle dort irgendwie im Essener Süden und dementsprechend wohnen natürlich auch die Mitarbeiter dort. Sie kommen in einige Gegenden und haben das Gefühl, das ist ein bisschen wie in München-Grünwald. Aber sie würden das niemals mit dem klassischen Ruhrgebiet verbinden. Und wenn Sie sich das genauer anschauen, sind zwischen dem Essener Norden und Süden nur acht km Abstand, aber eigentlich haben diese beiden Orte relativ wenig miteinander zu tun.

Diese Teilung der Stadt geht, wenn Sie sie geographisch betrachten, sogar bis in die Anordnungen der Kultureinrichtungen: die Oper finden Sie selbstverständlich auf der Südseite des Bahnhofs, genauso wie die Philharmonie, während die Schmuddelkinder des Schauspiels sich auf der Nordseite des Bahnhofs befinden. Ich glaube, dass das nicht ganz zufällig ist.

Das andere was auffällt ist, dass diese Stadt eigentlich kein richtiges Zentrum hat. Das heißt: Wie so viele Städte dieser Größe, die im Krieg zerstört wurden, haben Verkehrskonzepte im Wiederaufbau kulturelle Konzepte ersetzt. Das heißt, Sie haben einen Stadtkern, der eigentlich eine Fußgängerzone mit Bahnhof ist, den man möglichst schnell verlässt. Abends ist dort kein Leben außer dem Theater oder der Oper. Und wir haben gesagt, wenn es kein Zentrum im Zentrum gibt, dann müssen wir dieses Zentrum sein. Dann kann nur das Theater die Aufgabe übernehmen als Zentrum in der Mitte der Stadt tatsächlich sämtliche geistige Tangenten und Strömungen in der Stadt zu bündeln, beziehungsweise so am Theater vorbei zu lenken, dass das Theater Teil einer gesellschaftlichen Diskussion und einer Diskussion über die Stadt wird. Damit das möglich ist, muss das Theater sich öffnen und es muss sich bewegen. Und zwar in verschiedene Richtungen: Erstens, und darüber diskutieren wir im Ruhrgebiet derzeit sehr, muss es sich einmal fragen, für wen in der Stadt es überhaupt Theater macht. Das heißt, es muss sich fragen, ob es mit seinen Zuschauern und den Geschichten, die es erzählt, die gesellschaftliche und soziale Zusammensetzung der Menschen in der Stadt überhaupt abbildet oder nicht. Oder ob es nicht vielmehr in seiner Selbstwahrnehmung, aber auch in der Wahrnehmung der Stadt, ein Ort für nur Wenige ist. Vielleicht für eine bürgerliche Schicht, die das Theater seit jeher trägt, was ja auch gut ist, die aber vielleicht auch viele Menschen unbeteiligt lässt, an dem, was in diesem merkwürdigen Kunsttempel eigentlich passiert. Und es muss sich fragen, ob es ein Gespür für die Geschichte der Stadt hat, also nicht nur für die Geschichte, sondern für die Geschichten: die Geschichten vom Zusammenleben dieser Stadt und in dieser Region. Ob es eine Ahnung davon hat, was die Menschen an diesem Ort, an dem das Theater steht, bewegt oder auch nicht bewegt.

Von diesen Überlegungen ausgehend haben wir für unsere Arbeit von Anfang an eine Art Überschrift gewählt, die mehr eine Frage ist oder eine Aufforderung: „Wir müssen fragen, wie sieht der Ort aus, an dem wir im Moment leben, damit wir hoffentlich in einer zweiten Runde die Frage beantworten können, wie der Ort aussehen soll, an dem wir auch in Zukunft leben wollen."

Damit haben Sie natürlich das Theater aus einer sich selbst umkreisenden Kunstdiskussion sofort heraus gelöst. Und Sie haben es auch heraus gelöst aus einer Reihe von rückwärts gewandten Fragen nach Klassikerpflege und Werktreue. Stattdessen müssen Sie es jetzt plötzlich als einen Ort in der Stadt definieren, der auch nach Zukunft fragt. Und der hoffentlich auch in der Lage ist, eine Vision von Zukunft mit zu formulieren und vielleicht auch Zukunft zu gestalten.

Deswegen haben wir in der ersten Spielzeit begonnen – und wir machen das bis heute, künstlerische Stadterkundungen zu unternehmen, Stadterkundungsprojekte. Bewusst „Stadterkundungsprojekte" und nicht „Stadtprojekte", weil wir das Theater verlassen haben, nicht um das vorzufinden, was wir sowie schon kennen, sondern um neugierig zu sein auf das, was uns diese Stadt eigentlich gibt. Wir haben in der ersten Spielzeit eine Reise entgegen der Teilung gemacht: Also vom Norden durch die Mitte in den Süden. An jedem dieser Teilorte haben wir, eine „theatrale Intervention", wie es so schön heißt, veranstaltet. Ich möchte Ihnen von der, die wir im Norden gemacht haben, berichten, weil es die gewesen ist, die am meisten Spuren hinterlassen hat, und an der man auch am meisten und am besten erkennen kann, was Theater kann, wo aber auch die Grenzen und Schwierigkeiten liegen, wenn es sich öffnet.

Wir sind in den Essener Norden gegangen, in den Stadtteil Katernberg. Das ist der Stadtteil, in dem sich die Zeche Zollverein befindet. Man stellt dort übrigens eine ganz erstaunliche Entwicklung in kultureller Hinsicht fest: es gibt dort nämlich dieses wunderschöne, riesige Zechenareal, das fast jeder kennt, weil es Weltkulturerbe ist, und das außerdem durch die Ruhrtriennale und zahlreiche Ausstellungen ein absoluter Ort der Hochkultur geworden ist. Erst in den letzten Jahren hat Rem Kohlhaas die Kohlenwäsche umgebaut, ein neues Designzentrum ist entstanden. Es gibt dort extrem viele kulturelle Einrichtungen, die haben aber, und das ist erstaunlich, nichts mit den Menschen zu tun, die drum herum leben. Vor allem die Jugendlichen, die im Schatten der großen Fördertürme von Zollverein leben, haben mit dem, was dort als Kulturbegriff stattfindet, nichts zu tun. Sie werden dort eigentlich sogar nicht mal gewünscht, sondern es sind natürlich die, die Probleme machen. Es sind die, die Graffiti da hin schmieren, die mit ihren Fahrrädern oder Motorrädern auf dem Gelände rumturnen, aber eingeladen sind sie eigentlich nie.

Deswegen sitzt Zeche Zollverein, dieses große Weltkulturerbe, so ein bisschen wie ein UFO der Hochkultur in diesem Stadtteil. Und wir haben gesagt, wir werden jetzt mal Teil dieses Stadtteils und ziehen dort hin. Aber eben nicht auf Zollverein, sondern in ein Haus in einer dieser alten Bergarbeitersiedlungen. Ziel war, das haben wir von Anfang an so formuliert, dort mit Jugendlichen aus dem Stadtteil ein Stück aus ihren Geschichten zu entwickeln und dieses Stück dann ins Zentrum, ins Theater in der Innenstadt zurück zu transferieren.

Das war die eigentlich ziemlich einfache und simple Grundidee. Und da beginnen die Schwierigkeiten auch schon. Erstens: man braucht ein Haus. Unsere feste Überzeugung war immer: das kann nur funktionieren, wenn wir tatsächlich auch dort in diesem Stadtteil wohnen, wenn wir also auch ein Teil der Identität dieses Stadtteils sind. Nächste Schwierigkeit: Sie müssen diese Jugendlichen, die Sie jetzt mit Ihrem großen Ziel einladen wollen, überhaupt erst einmal finden und im zweiten Schritt dann dazu bewegen, dass sie auch teilnehmen an diesem Projekt. Das Hausproblem haben wir relativ schnell gelöst. Wir haben einen alten Kindergarten von einer Wohnungsbaugesellschaft zur Verfügung gestellt bekommen, der geschlossen worden war. – Interessanterweise hat übrigens niemand darüber diskutiert, dass Kindergarten geschlossen und dafür Theater eröffnet werden, wie ich erwartet hätte. Dort haben wir, es war ein sehr schöner Ort, auf 400 qm drei große Räume zum Arbeiten gehabt und eine kleine Wohnung oben drüber, in der Nuran Calis, das ist der Regisseur und Autor, der mit den Jugendlichen dort arbeiten sollte, eine Wohnung hatte, so dass er dort tatsächlich auch wohnen konnte.

Die ersten Schwierigkeiten gehen aber schon da los, um nur eine davon zu nennen, dass die Theater, diese städtischen Kultureinrichtungen, nicht darauf ausgelegt sind, das Theater zu verlassen. Das heißt, wir kriegen grade noch unsere Technik dazu, dass sie da draußen ein bisschen was einrichtet und dass sie auch ein paar Scheinwerfer dahin stellt. Kompliziert wurde es aber – und daran wäre das Projekt fast gescheitert – als wir elektrische Leitungen legen lassen mussten, damit wir dort arbeiten dürfen. Dafür gibt es bestimmte Sicherheitsmaßnahmen, das heißt, das durfte nicht unsere Technik machen, sondern das musste eine Elektrounternehmen machen. Wir haben gedacht: Na gut, das ist alles ein bisschen runtergerockt, wir machen gleich noch ein bisschen Farbe drauf, und wenn wir schon dabei sind, reißen wir auch gleich noch eine Wand ein, damit wir einen richtig schönen Arbeits- und Probenraum haben. Das Ganze sollte zusammen ungefähr 6.000 Euro kosten. Und eben daran wäre das Projekt beinahe gescheitert. Und zwar nicht, weil wir diese 6.000 Euro nicht bekommen hätten, die haben wir recht schnell bekommen, sondern weil wir sie nicht investieren durften. Denn Sie haben als öffentliche Kultureinrichtung das Problem, dass Sie in Gebäuden, die nicht Ihnen gehören, keine Investitionen machen dürfen. Das heißt: es gibt die 6.000 Euro, aber wenn Ihr sie ausgebt, dann habt Ihr sie quasi veruntreut, weil Ihr sie nicht einsetzen dürft.

Was tut man in so einem Fall? Wir haben mehrere Tage gedacht, dann können wir da nicht rein, dann findet das Projekt nicht statt, bis irgendjemand auf die Idee kam, wir können das Haus doch mieten. Und zwar genau für den Betrag, den die Wohnungsbaugesellschaft investieren muss, damit sie uns dann wieder den Raum zur Verfügung stellen kann. Und das geht, erstaunlicherweise. Sie dürfen 6.000 Euro ausgeben, um ein Haus zu mieten.

Sie dürfen aber kein Haus geschenkt nehmen und dann 6.000 Euro dort verbauen. Also das nur, um mal klarzumachen, wie die bürokratischen Hindernisse sind. Aber das ist ja letztendlich trotzdem alles schnell gelöst. Interessant wird es dann, wenn Sie jetzt auf diese Jugendlichen zu gehen. Weil diese Jugendlichen natürlich ein Leben lang – zumindest die meisten von ihnen – kein Theater betreten haben. Als wir dann in die ersten Jugendzentren gegangen sind, so drei bis vier Monate, bevor wir starten wollten, und dort darum geworben haben, dass es dieses Theaterprojekt geben soll und uns eigentlich ziemlich toll vorkamen, weil wir gedacht haben „Super, wir bringen denen jetzt etwas, auf das sie schon lange gewartet haben", bekam Nuran Calis nur so etwas zu hören wie „Ey, geh doch nach Hause, Theater ist doch schwul." Oder die Frage: „Was ist denn das für ein Projekt? Sind da geile Weiber dabei?" Das hat dann ziemlich Ärger gegeben, als ein Praktikant darauf gesagt hat: „Bring doch deine Schwester mit."

Das heißt, Sie haben – und man kann jeden Theaterschaffenden nur raten, sich das einmal anzuhören – überhaupt kein Standing und überhaupt keine Lobby bei Jugendlichen in so einem Stadtteil. Theater interessiert sie eigentlich nicht. Weil sie es nicht kennen und weil sie es bisher immer als etwas Anstrengendes, im besten Falle Langweiliges und als vollkommen Uncooles empfunden haben. Interessanterweise ist dabei zum Beispiel Tanz überhaupt nicht schwul, sondern cool. Also Sie merken, was für bestimmte Kunst- oder auch Kulturformen in so einem Stadtteil entstehen und sofort eine große Eigendynamik haben. Alles was Streetart ist, also Hip-Hop, Rap, Breakdance funktioniert wunderbar und hat immer auch etwas mit einer großen Qualität zu tun. Aber das Theater im klassischen bürgerlichen Sinne existiert eigentlich nicht. Das heißt, sie müssen jetzt, und das war eigentlich die Arbeit der ersten drei bis vier Monate, nichts anderes tun, als irgendeine Form von Identität schaffen. Das heißt, Sie müssen dieses Gegenüber auflösen. Sie müssen weg von diesem „Die wollen da irgendwas von uns, aber ich weiß auch nicht, was die wollen, und das ist irgendwie Zwang und Pflicht". Stattdessen müssen Sie das Theater und das Projekt attraktiv machen.

Wir haben die ersten drei Monate nichts anderes gemacht, als zu einer Party einzuladen. Wir haben im August angefangen, allen zu erzählen: Mitte Oktober ist eine große Einweihungsparty in dem Haus. Und wir haben Flyer verteilt mit dem Slogan „Katernberg-Stars gesucht!" und auf diese Party verwiesen. Wir haben so viele Leute wie möglich angesprochen und sind eigentlich allen auf die Nerven gegangen, sind mit dem Theaterbus auf Schulhöfen gewesen, in Jugendzentren, waren mit dem Jugendkontaktbeamten der Polizei unterwegs. Standen auf den Plätzen, haben Jugendliche in der Straßenbahn angesprochen und haben alle zu dieser Party eingeladen. Wir wussten, wenn jetzt keiner kommt, dann können wir nach Hause gehen. Dann ist das Projekt gescheitert, bevor es richtig losgegangen ist. Und dann ist etwas sehr Schönes und Verblüffendes passiert: Am Abend der Party kamen tatsächlich knapp 200 Jugendliche.

Und dabei konnte man das nächste sehen, was uns sehr zu denken gegeben hat und was sehr beeindruckend war: Denn diese Jugendlichen kamen nicht wild durcheinander gewürfelt, sondern die kamen sehr geordnet. In ihren jeweiligen Gruppen und Communities. Das war wie nach einem Drehbuch: Als erstes kamen die türkischen Jugendlichen aus dem evangelischen(!) Jugendzentrum von gegenüber. Weil die das Gefühl hatten, wir sind von gegenüber, uns gehört das hier eigentlich. Und die setzten sich auf die eine Seite in diesem großen Raum. Also, um ganz genau zu sein kamen erst die türkischen Jungs. Danach kamen die libanesischen Jugendlichen aus dem Jugendzentrum aus dem angrenzenden Stadtteil. Dann kamen die türkischen Mädchen und dann kamen die Russlanddeutschen und haben erst einmal das Haus umzingelt. So ungefähr ging das los. Und bis sich dann alles so mischte, hat das eine Weile gedauert. Dann kamen noch die Sinti-Jungs. Es gibt einen großen Anteil von Sinti und Roma in diesem Stadtteil. Und zum Schluss wurden die Sinti-Mädchen von den Müttern und Großmüttern mit dem Auto und der Frage, was denn da eigentlich los ist, gebracht. Also allein über diesen Abend konnte man so viel darüber lernen und begreifen, wie so ein Stadtteil funktioniert und warum er nicht nach dem herkömmlichen Kulturverständnis funktioniert, das wir als Theaterleute mitbringen. Und zwar nicht nur aus sozialen Gründen, sondern tatsächlich auch aus kulturellen Gründen: Weil es einfach ein anderes Verständnis davon gibt, was gut und was schlecht ist. Es gibt auch ein ganz anderes Qualitätsverständnis. Man hat das daran gemerkt, dass wir so eine kleine Show gemacht haben und dabei ein bisschen erzählt haben, wie Theater eigentlich funktioniert. Auf einer kleinen Bühne und die saßen alle um uns herum. Wir haben uns da oben einen abgeschwitzt und ich sah, wie die alle telefonierten und dachte, was ist denn hier los, jetzt mache ich mich komplett zum Affen. Bis ich hörte, dass einer von den Jugendlichen sagte: „Ey, du musst kommen, ist cool". Da hatte ich das erste Mal das Gefühl, es könnte klappen.

Und jetzt kommt der nächste Schritt. Dass Sie erzählen: „Theater, Theater, wir wollen ein Stück schreiben aus Euren Geschichten und Ihr sollt das auch noch spielen und das Ganze auch noch im Theater. Aber wir sind jetzt das nächste halbe Jahr hier und es gibt ein Casting, tragt euch doch in die Listen ein, die nächsten zwei Wochenenden." Von diesen knapp 200 Jugendlichen haben sich daraufhin 120 in Listen eingetragen mit Telefonnummern und Emailadressen, Handynummern. Ja, sie kommen und super, alles klasse. Haben ihre Brötchen aufgegessen und sind nach Hause gegangen. Es gab noch ein bisschen Film, ein bisschen Musik und so, fanden sie alle gut. Dann haben wir uns am nächsten Wochenende wahnsinnig viel überlegt, haben uns gefragt, wie wir das eigentlich hinbekommen und ob wir ein Sicherheitsproblem bekommen, wenn die da alle aufeinander treffen. Wir haben sogar überlegt, ob wir noch Security dazu holen oder ob das nicht ein bisschen feige ist. Wir waren dann zwei volle Tage da und es kamen nur fünf von diesen 120.

Ziemlich frustriert haben wir dann eine von den Jugendpflegerinnen angerufen und die hat gesagt: „Ja klar, von selber kommen die nicht. Die müsst ihr anrufen." Und dann haben wir einen Hospitanten und eine Hospitantin hingesetzt, die noch mal 115 Jugendliche angerufen und gesagt haben: „Ihr müsst kommen. Und kommt ihr auch wirklich?". Und dann kamen am nächsten Wochenende tatsächlich 80. Und diese insgesamt 85 haben wirklich tolle Sachen gezeigt. Also wirklich so Sachen, wo man sich denkt: „Aha, wie kommen die jetzt darauf?" Da wurde gesungen, da wurde gespielt. Da haben die eigene Texte mitgebracht. Und sie kamen wirklich aus allen Gruppen und Schichten. Das war toll. Wir haben dann 22 eingeladen, das nächste halbe Jahr das Projekt mit uns zu machen und von diesen 22 sind 20 tatsächlich bis zum Schluss, also eigentlich bis heute, dabeigeblieben (Abb. 1).

Und jetzt haben so ein paar Sachen eingesetzt, die mich sehr gefreut haben. Weil ich merkte, wie leicht man erstens das Potential und zweitens auch das Denken falsch einschätzt. Ich habe, das war ein bisschen meine Aufgabe in diesem Projekt, für das Theater dann auch diese „Club der toten Dichter"-Reden gehalten: Über Verantwortung und was das jetzt bedeutet, dass man da dabei ist. Das haben alle über sich ergehen lassen. Und dann hat noch am ersten Tag ein Mädchen gefragt: „Was ist, wenn das vorbei ist? Was ist, wenn wir das gespielt haben? Was habt Ihr dann vor?" Da wusste ich erst einmal keine Antwort, aber das hat mir sehr imponiert, weil man merkte, dass das Ganze nicht als eine Einbahnstraße funktioniert. Dass es nicht darüber funktioniert, dass das Theater jetzt ankommt und sagt: „Wir wollen was von euch", sondern die Jugendlichen irgendwann fragen: „Was tut Ihr denn dafür? Und was wollt Ihr denn eigentlich von uns? Und meint Ihr eigentlich uns oder meint ihr eigentlich nur unser merkwürdiges Randgruppenverhalten?" Sagen sie natürlich nicht genau so, aber es kristallisiert sich relativ schnell so ein Begriff heraus, der heißt „Respekt".

Abbildung 1: Szenenfoto Ensemble, Foto: Diana Küster

In Katernberg gilt Toleranz relativ wenig, aber Respekt gilt sehr viel. Und dieser Respekt wird in so einem Prozess permanent auf die Probe gestellt. Das ist immer wieder die Frage: „Meinst Du das ernst mit mir, dann gebe ich Dir auch was. Meinst Du das nicht ernst mit mir, dann gibt es Ärger." Und das ging ziemlich weit... Also wir kennen jetzt die Katernberger Hehlerszene, weil wir das ein oder andere Handy zurückkaufen mussten. Was sich dann aber immer alles löst: Wir kennen den Jugendpolizeibeamten, wir kennen aber auch die ganzen Plätze, wo die Jugendlichen hingehen, weil sie sagen, „Das sind unsere Plätze und die zeigen wir euch jetzt. Und da dürft ihr jetzt auch hin". Und wir kennen natürlich die Geschichten von ihnen, die sie uns erzählt haben. Und die sie sich vor allem auch gegenseitig erzählt haben. Und die von dem Leben in Katernberg handeln. Und zwar vor allem vom Erwachsen werden in relativ schwierigen Zeiten. Wir haben die ganze Veranstaltung „Homestories - Geschichten aus der Heimat" genannt, weil wir natürlich wissen wollten, „Wo ist für euch eigentlich Heimat? Wo kommt Ihr denn jetzt eigentlich her?" Es sind sehr viele Jugendliche mit einem so genannten Migrationshintergrund dabei. Natürlich, weil die Bevölkerungsstruktur im Stadtteil so ist. Es sind Jugendliche dabei, die entweder in einem anderen Land geboren sind oder deren Vorfahren dort her kommen: Aus der Türkei, dem Libanon, Afghanistan, Iran, Kasachstan, Russland und Deutschland. Aber erstaunlicherweise haben die sich in diesem Projekt gar nicht so darüber definiert, wo sie herkommen, sondern sie haben sich darüber definiert, an was sie arbeiten. Und das ist, glaube ich eine der wenigen Momente, an denen das in Katernberg möglich war. Denn so wie die Jugendlichen getrennt voneinander in den Communities zu diesem Fest erschienen sind, so leben sie eigentlich auch in Katernberg nebeneinander.

Trotzdem haben sie immer alle gesagt: „Wir sind Katernberger. Wir kommen aus Katernberg." Und das hat plötzlich eine Identität gestiftet, die sich auch in den Geschichten niedergeschlagen hat. Die haben gar nicht so sehr das Bedürfnis gehabt, darüber zu berichten, wie jetzt ihre Reise vom Libanon nach Deutschland war. Sondern sie wollten immer wieder darüber reden, was es heißt, in Katernberg aufzuwachsen. Mit all den Problemen und Schwierigkeiten und Konflikten. Und Aktionspotential. Oder auch den Hoffnungen und Träumen und schönen Seiten.

Daraus ist dann eben dieses Stück „Homestories" geworden, das genau von so einem Leben in so einem Stadtteil erzählt und plötzlich einen Anflug von Normalität hat. Obwohl sie alle hochdramatische Geschichten erzählen, erzählen sie alle davon, dass es ganz normal ist, dass es sie gibt und dass man nur einmal genau hingucken und sich für sie interessieren muss. Wir haben dann erstaunlicherweise von der eher linksorientierten Presse Kritik bekommen. Die war die einzige, die uns vorgeworfen hat, dass wir zu wenig „Bronx" drin haben. Sonst ist genau das wahrgenommen worden.

Sie merken, was dieses Projekt für das Theater bedeutet, wenn Sie sich einmal überlegen, was alles hätte schief gehen können. Oder was wir ausnahmsweise mal richtig gemacht haben. Ich glaube, das Projekt hätte niemals funktioniert, wenn wir gesagt hätten: „Hier ist das Theater, kommt doch alle mal hier hin". Wenn wir nach Katernberg gefahren wären und alle ins Theater eingeladen hätten, wäre der Weg, diese Distanz von 5 km zwischen Katernberg und dem Theater, viel zu groß gewesen, als dass diese Jugendlichen das freiwillig auf sich genommen hätten. Gleichzeitig hätte dieses Stück überhaupt nicht so viel bedeutet, wenn wir einfach nur nach Katernberg gegangen wären, dort eine Nebenspielstelle eingerichtet hätten, in diesem Haus mit diesen Jugendlichen gearbeitet und dann gesagt hätten, „Komm, wir spielen das jetzt hier und machen Theater in diesem Stadtteil." Denn es wäre von dem Rest unseres Theaterpublikums eigentlich nicht wahrgenommen worden. Das ist nämlich genau so problematisch, dieses Theaterpublikum, und kaum in den Essener Norden zu bekommen. Aber dadurch, dass das eben keine Einbahnstraße war, sondern Nuran Calis und das Team Teil des Stadtteils geworden sind, dort gearbeitet haben und dann in einem nächsten Schritt wieder ins Zentrum zurückgekehrt sind und dort gespielt wurde, hat das zu einer ganz merkwürdigen Begegnung geführt, die auch das Theater wieder weitergebracht haben.

Im nächsten Monat spielen wir die vierzigste Vorstellung, nach fast drei Jahren. Das bedeutet, die Jugendlichen sind immer noch dabei. Man muss sie immer noch vor jeder Vorstellung anrufen und sie daran erinnern, dass sie kommen. Und wenn die Vorstellung um sieben beginnt, ist der letzte dann auch um zehn nach sieben da. Aber sie kommen, und sie spielen und sie treffen auf ein Publikum, das selbst in unserem Theater, das sich sehr viel mit unterschiedlichen Bereichen der Stadt befasst, sehr einzigartig ist. Denn dort sitzen zur Hälfte Jugendliche – auch viele Katernberger – und die andere Hälfte wird über unsere klassischen Besucherorganisationen wie „Theaterring" oder „Theatergemeinde" gebucht, so dass das tatsächlich ein Ort ist, wo immer 150 Leute drin sitzen – die Vorstellung ist eigentlich auch immer voll – und wo sich plötzlich der Norden und der Süden der Stadt im Theater begegnen und ins Gespräch kommen: Teilweise über die Form der Aufführung selbst, die eine dialogische ist, aber auch über Publikumsgespräche, die hinterher stattfinden.

Das ist etwas, das uns sehr freut und wir überlegen natürlich, wie das weitergeht. In dieser Hinsicht führen wir im Moment nicht nur vor dem Hintergrund von „Homestories", sondern überhaupt über die Frage, was eigentlich ein Stadttheater oder eine Kultureinrichtung leisten kann, eine manchmal sehr angestrengte, manchmal sehr fruchtbare Diskussion, die immer wieder um das Stichwort „interkulturelle Öffnung“ kreist. Wobei ich mich immer wieder frage, was das eigentlich heißt, „Interkultur“? Claus Leggewie hat neulich in einem Vortrag gesagt, „Kunst ist per se interkulturell“. Das stimmt natürlich, aber geht vielleicht trotzdem ein wenig an der Diskussion vorbei. Denn, wenn man sich die Kultureinrichtungen anschaut, muss man sich schon fragen, ob nicht viele von ihnen tatsächlich hermetische und geschlossene Orte sind, die relativ wenig mit dem zu tun haben, was das Leben in der Stadt tatsächlich ausmacht. Jedenfalls mit einem Teil des Lebens dieser Stadt.

Das ist einerseits, glaube ich, eine Gerechtigkeitsdebatte: Also die Frage, welche Zugangsmöglichkeiten haben bestimmte Bevölkerungsschichten zu diesen Kultureinrichtungen? Was ist ihnen eigentlich möglich? Es ist aber auch eine inhaltliche Debatte, wenn man mal darüber nachdenkt, was für Geschichten werden eigentlich im Theater erzählt und von wem werden diese Geschichten erzählt? Und es ist eine Debatte, die auf eine sehr merkwürdige Art sehr polarisierend geführt wird und bei der es einige Missverständnisse auszuräumen gilt: Das erste Missverständnis ist, dass man darüber nachdenken muss, worüber wir eigentlich genau reden. Besonders, wenn wir über die Frage von Menschen mit Migrationshintergrund – „MMMs“ werden sie wohl inzwischen genannt – und ihre Beteiligung an kulturellen Prozessen reden. Was genau ist da eigentlich mit „kulturellen Prozessen“ gemeint? Die erste Unterscheidung, die man machen muss, ist: Reden wir von Kunst oder reden wir von eher folkloristischen Veranstaltungen? Der Unterschied ist manchmal ganz banal. Bei den einen ist man froh, dass sie stattgefunden haben, bei den anderen wird danach darüber diskutiert, ob sie gut waren oder schlecht. Ich glaube, dass man eine solche Diskussion unbedingt führen muss und dass man vor allem auch raus muss aus einer ganz fürchterlichen Defizitdebatte, wo angeblich die einen vor den Kultureinrichtungen stehen und sagen „Wir wollen da jetzt rein!“, und es gleichzeitig Theater gibt, die sagen „Ja, nee, lieber nicht.“ Oder wenn, gibt es so einen kleinen Alibiort, an dem ganz prima eine theaterkompatible Randgruppe bedient werden kann. Das ist natürlich beides vollkommener Unsinn. Wir müssen raus aus einer solchen Defizitdebatte, hinein in die Frage „was befruchtet denn eigentlich einen künstlerischen Prozess, wenn man Menschen mit unterschiedlichen kulturellen Hintergründen daran beteiligt?“ Und diese Debatte wollen wir gerne führen.

Zum Schluss will ich versuchen, ihnen den Unterschied aufzuzeigen und was er bedeuten könnte, anhand eines Projektes, das für die Zukunft gedacht ist. Wir haben nämlich darüber nachgedacht, 2010 dieses Projekt Homestories fortzusetzen und sind auch von der Kulturhauptstadt dazu eingeladen worden. Ich habe deshalb ein Projekt entwickelt, von dem ich dachte, das ist klasse. Wir gehen einmal durch den gesamten Nordgürtel des Ruhrgebiets und machen Homestories einfach größer. Wir gehen in die Problemviertel von Duisburg bis Dortmund etc. und laden einfach alle ein. Das fand ich zwei Tage richtig toll. Und dann habe ich mich ein bisschen geschämt und auch gelangweilt, weil ich dachte, das ist wieder genau das, was wir sowieso schon kennen und das führt wieder genau zu dieser Selbst-Ghettoisierung, von der Kunst und von den Menschen dort. Entscheidend ist doch, stattdessen einmal zu fragen: Was haben die Jugendlichen aus dem Essener Norden mit den Jugendlichen aus dem Essener Süden zu tun? Und das wird unser Projekt sein: Wir werden Häuser einrichten, in ganz Essen verteilt, und dort gemeinsam mit Jugendlichen nach Zukunft fragen und das mit den Mitteln der Kunst. Und dann hoffen wir, dass nicht Gleiches auf Gleiches trifft, sondern dass Unterschiede aufeinander treffen und dass daraus ein fruchtbarer Prozess entsteht, der auch in die Extreme geht und nicht irgendwo in der Mitte stehen bleibt. Denn die Mitte ist in der Kunst immer der langweiligste Ort.

Thomas Markert

Kommunikation über Geruchssignale im interkulturellen Vergleich

Kommunikation geschieht durch Aufnahme und Aussenden von Informationen. Wir haben fünf Sinne und nutzen etwa die Hälfte für unsere Kommunikation.

Sollte man denken, aber es ist nicht unbedingt so. Die Kommunikation über Sprache und Bilder erfolgt überwiegend visuell und auditiv und als Medium werden Licht und Buchstaben, Laute oder Töne benutzt. Weil wir uns über Gehör und Gesicht sicher in Raum und Zeit bewegen und sogar rein visuell einen Großteil wissenschaftlicher Informationen am Computerbildschirm recherchieren können, haben wir den Kontakt zu den niederen, animalischen Sinnen weitgehend verloren (Abb. 1).

Abbildung 1: Die meisten technischen Entwicklungen betreffen visuelle Kommunikation. Hier ein Beispiel für visuelle Kommunikation aus der Vorschulzeit.

Drei unserer fünf Sinne kommunizieren über chemische Informationen, die man auch als feinmechanisch bis hin zu grobmechanisch bezeichnen kann. Mit den Rezeptoren in der Riechschleimhaut können wir unterschiedliche Moleküle in den geringsten Konzentrationen als Dufteindrücke empfinden, allerdings nur von solchen Stoffen, die verdunsten können und über die Atmosphäre, also quasi vom Winde verweht werden. Für die festen Stoffe haben wir ja unseren guten Geschmack, sowohl als Geschmacksknospen auf der Zunge als zum Teil auch auf der Haut. Nehmen wir Chilipulver, ist es fein genug, dass es in unsere Nase kommt, müssen wir niesen, auf der Zunge und auf der Haut und besonders auf allen Schleimhäuten brennt es, die betroffenen Schmerzrezeptoren sind auch für die Registrierung von sehr heißen Temperaturen zuständig. Beim Menthol oder Pfefferminzöl sind es Kälterezeptoren, die entweder chemisch oder über eiskaltes Wasser angeregt werden.

Während wir die audiovisuelle Kommunikation bewusst betreiben, weil eine rote Ampel oder Geld nicht stinken, sammeln wir chemische Informationen unbewusst ein, beim Essen, beim Trinken, wenn wir jemandem näher kommen, oder beim Toilettengang. Wenn wir duschen, spüren wir das Wasser und vor allem dessen Temperatur, fühlen den Schaum und den Geruch des Shampoos und wenn alles stimmt, fühlen wir uns anschließend sauber und glücklich. Ich benutze natürlich ein Shampoo für Männer und wenn ich dessen Duft – einen süßen Duft von reifen Honigmelonen wahrnehme, muss ich immer an reife, duftende Frauen denken. Absicht oder Verführung? Jedenfalls verstehe ich die Duftbotschaft nicht, weil ich Melonenduft nicht mit einem Shampoo für Männer assoziiere. Oder auch die Wassertemperatur, wenn man einen Durchlauferhitzer hat, schwankt die Temperatur zwischen zu heiß und zu kalt. Nur eine ganz bestimmte Temperatur empfinden wir als angenehm, ebenso wie wir nur eine ganz bestimmte Salzkonzentration als akzeptabel empfinden.

Unbewusste Sinneswahrnehmungen werden uns oft erst dann bewusst, wenn etwas fehlt oder nicht funktioniert. Fehlen einem Kind die Schmerzrezeptoren, ist es nicht überlebensfähig, jedes Fieber, jede Schnittwunde wird nicht wahrgenommen und kann zum Tode führen.

Unsere Eigenwahrnehmung meldet jederzeit über Botenstoffe und Nervenimpulse, also elektrisch, an das Großhirn, ob wir uns gerade in heikler oder Schieflage befinden. Bei Verlust der Eigenwahrnehmung müssen die Augen extern, über die Beobachtung des Körpers von außen, die Kontrolle über die Gliedmaßen und des Körpers im Raum übernehmen. Ein solcher Fall wurde von Oliver Sacks unter dem Titel „Die körperlose Frau“ in dem Sammelband „Der Mann, der seine Frau mit einem Hut verwechselte“ beschrieben.

Wir haben also zwei Arten der Kommunikation über Botenstoffe zu unterscheiden, die interne Kommunikation, auch Eigenwahrnehmung oder Somatosensorik, und die Kommunikation untereinander, auch interindividuell genannt, zum Beispiel wenn unsere Mitmenschen riechen, dass man Knoblauch gegessen oder Mundgeruch hat (Abb. 2). Wie gut die funktioniert, können wir täglich bei den Haustieren Hund, Katze, Maus, Schwein, Pferd oder Elefant beobachten. Kurz gesagt, es geht dabei immer um Leben und Tod, um Fressen oder Gefressenwerden, also um niedere Instinkte oder Grundbedürfnisse.

Abbildung 2: Wasser, Ort der Kommunikation sowohl für die Eigenwahrnehmung durch Körperhygiene und Waschen der Kleidung als auch zum Austausch von Informationen, im Volksmund „Tratsch" genannt.

Dopamin ist die chemische Grundlage eines körpereigenen Belohnungssystems (Zehentbauer 1992). Immer wenn uns etwas Spaß gemacht hat, Sport, Schokoladeessen, Kaffeetrinken oder Rauchen, wird Dopamin ausgeschüttet und auch andere Neurotransmitter wie Serotonin, beim Küssen und Streicheln Oxytocin, kurz Glückshormone, die wie Amphetamine wirken. Das sind Dopaminderivate, ebenso wie Mescalin oder Ecstasy. Auch bei Nahtod-Erfahrungen treten vermehrt Dopaminausschüttungen auf (Klitsie 2003).

Sind die Dopamin-Rezeptoren blockiert, kommt es zu einer Art Stress, der uns zwingt durch Steigerung der Dosis immer mehr Dopamin freizusetzen. Das Resultat bezeichnet man als Sucht, das kann Fettsucht genauso gut wie Magersucht oder Rachsucht sein.

Die Parkinson-Erkrankung ist eine Dopaminmangel-Krankheit, man erkennt sie im Frühstadium daran, dass der Geruchssinn verloren geht. Da, wie gesagt, Riechen überwiegend unbewusst erfolgt, merkt es der Patient selbst nicht. Aber es wird uns dabei klar, dass sowohl Muskelbewegungen als auch das Riechen an Dopamin und das körpereigene Belohnungssystem gekoppelt sind.

Die Kommunikation über Duft- und andere Botenstoffe funktioniert ähnlich wie eine Sprache und darüber reden macht die Sache eher komplizierter als einfacher. Erst wenn Sie den Braten riechen, läuft Ihnen das Wasser im Mund zusammen, nicht schon, wenn Sie die Speisekarte lesen? Parfumeure haben eine eigene Sprache entwickelt, um sich über ihre Kommunikationsmittel, die Duftstoffe, auch verbal untereinander verständigen zu können. Für den Laien handelt es sich um eine Mischung aus Farbadjektiven wie grün oder rosa mit Duftquellen, Kosmetika oder Drogen wie Sandel, Puder und Opium als Duftbeschreibungen aus dem visuellen Bereich. So pflegen Riechstoffhäuser die Klassifizierung der Parfums nach Duftkonzepten zur besseren Orientierung farblich zu unterlegen (H & R 1997).

Von Düften gibt es keine Abbildungen, die eindrucksvollste bildliche Darstellung von Kommunikation über Düfte war als Foto einmal in National Geographic (jetzt erneut in Hatt & Dee 2008) abgebildet: Ein Leuchtfasan flieht vor einem fluoreszierenden Hund, der im Dunkeln und im Zickzack der Duftspur hinterhergeht, weil die Nase immer wieder frei werden muss, um den Duft neu aufnehmen und die Duftspur verfolgen zu können.

Animalische Instinkte sind so faszinierend, weil man erst am Resultat, wie zum Beispiel an der Zahl der Kinder oder am glücklichen Gesichtsausdruck, sehen kann, dass und wie gut chemische Kommunikation funktioniert. Wie das geht, hat Gottfried Keller in der Novelle „Das Sinngedicht" erklärt. Beim Küssen kommt man sich so nahe, dass man Körpergeruch wahrnimmt und der rote Kopf und das Lachen sind Körperreaktionen auf die geruchlichen Sinnverwirrungen, die dabei auftreten können. Beides zusammen bedeutet, dass es ohne Worte gefunkt hat und das macht dann auch Sinn. Hauptsache die Chemie stimmt zwischen den beiden.

Chemische Kommunikation heißt aber nicht, dass Licht keine Rolle spielt. Wie wir bereits gesehen haben, spielt Dopamin für die Befriedigung des Hungers und bei Muskelbewegungen eine wichtige Rolle. Ein Melanozyten (Farbkörperchen in der Haut) stimulierendes Hormon (MSH) bewirkt, dass die Haut sich braun färbt und die Stimmung sich verbessert, wenn die Sonne scheint. In der Haut findet eine Reaktion statt, die ähnlich wie im

Gehirn und in den Haarwurzeln erst zu L-DOPA (Vorstufe des Dopamins) und dann zu dunklen Farbstoffen, den so genannten Melaninen (Hautpigmente) führt.

Jeder Mensch weiß, dass die Pigmentbildung individuell verschieden verläuft und im Gesamtbild dann zu einem Haut- und Haartyp mit einem bestimmten Charakter führt. Dieser bestimmte Charakter betrifft nicht nur die physiologischen Grundbedürfnisse, also was und wie viel man isst und trinkt, sondern auch die Körpergerüche, da sie Teil des gesamten Stoffwechsels sind. Dieser Stoffwechsel bestimmt, was uns schmeckt und das jeweilige Temperament, das offensichtlich die Farbe der Augen, der Haut, der Haare bestimmt und von den genetischen Vorgaben und dem regionalen Klima abhängt (Williams 1997).

Hippokrates hat in diesem Zusammenhang eine Körpersäftelehre beschrieben. Der Choleriker bekam seinen Namen von der gelben Gallenflüssigkeit, der Melancholiker von der schwarzen Galle, der Phlegmatiker wurde nach blutarmem Schleim oder Lymphe benannt und der Sanguiniker nach dem Blut. Ich werde mich im Folgenden bei meinen Ausführungen auf diese Grundtypen beziehen und versuchen, rein auf chemischer Kommunikation basierende Unterschiede zwischen Menschen und Nationen herauszuarbeiten.

Schwer verständlich, aber trotzdem wahr, die chemische Kommunikation ist untrennbar mit dem Tastsinn verbunden. Von unseren fünf Sinnen ist also mindestens die Hälfte für die chemische Kommunikation zuständig. Nomen est omen: „Unser Tastsinn in der Nase macht Fühlen zum Gefühl". Auf der Haut haben wir Mechanorezeptoren und freie Nervenendigungen mit Temperatur- und Schmerzrezeptoren.

Überall wo Haut berührt oder an etwas gelutscht wird, also bei der Geburt, beim Säugen und beim Daumenlutschen ist Oxytocin im Spiel, natürlich auch beim Kühe melken (Abb. 3. und Abb. 4). Es regelt aber auch mein Vertrauen in mein Glück, in meinen Partner oder in finanzielle Investitionen. Daher nennt man es auch Kuschel- oder Beziehungshormon, es ist für die Mutter-Kind-Beziehung besonders wichtig. Die Wirkung ist so stark, dass man mit Oxytocin (aus dem Griechischen für „schnell gebären"), in einem Nasenspray eingesetzt, die Geburt einleiten kann.

Abbildung 3: Der Austausch von taktilen Informationen wird von hohen Konzentrationen an Oxytocin (Kuschelhormon) begleitet, das auch das gegenseitige Vertrauen fördert.

Abbildung 4: Entenpaare sind in Korea das Sinnbild für eheliche Treue, durch Oxytocin vermittelt bleiben manche Entenvögel ihr ganzes Leben zusammen.

Die Temperaturrezeptoren, die wir nicht nur in der Außenhaut, sondern auch in inneren Organen haben, kann man auch chemisch anregen, durch Substanzen wie Piperin (Pfeffer), Capsaicin (Chili Paprika) oder Menthol (Pfefferminze) und durch viele andere, die im Szechuanpfeffer, Wasabi (japanischer Meerrettich), Senf, Knoblauch, Zwiebeln oder in Wasserpfeffer und in Pilzen vorkommen. Da diese Substanzen, ebenso wie ähnliche Strukturen, die keine Schmerzwahrnehmung auslösen (Capsiat in der Gemüsepaprika), die Thermo-, Schmerz- oder Vanilloidrezeptoren belegen, wirken sie auch gleichzeitig ebenso wie Wärme selbst analgetisch, also schmerzlindernd.

Wo es in der sprachlichen Kommunikation ein richtig oder falsch gibt (in Asien ein höflich oder unhöflich), also eine zweiwertige Logik, gibt es in der chemischen Kommunikation ein angenehm oder unangenehm. Das ist sozusagen eine Umschreibung des Belohnungssystems, das Dopamin als Transmitter benutzt. Jeder Geruchseindruck wird zunächst einmal in der Amygdala, dem Sitz der Gefühle, als angenehm oder unangenehm bewertet, aber je nach Temperament des einzelnen Individuums unterschiedlich. Ein Phlegmatiker, bei Pferden würde man vielleicht Kaltblüter sagen, ist so cool, dass er nicht einmal Skatol (3-Methylindol), ein Abbauprodukt der Aminosäure Tryptophan, das für die meisten Menschen nach Exkrementen riecht, als solche empfindet.

Gegen unsere animalischen Instinkte muss jungen Menschen Sauberkeit beigebracht werden. Ein unerzogener Mensch betrachtet Exkremente nicht als schmutzig, sondern als neutrale Informationsquelle für chemische und taktile Informationen, ähnlich wie Hunde. Dabei kann er natürlich sprichwörtlich ins Fettnäpfchen treten oder das Gesicht verlieren.

Und hier liegen auch die Unterschiede in der Kommunikation, die letztlich zu Vorurteilen und Intoleranz führen. Die Erziehung in Asien (China, Korea, Japan) ist stark beeinflusst von Konfuzius. Die Jüngeren sind dazu bestimmt, den Älteren in der Familie zu gehorchen und zu tun, was diese anordnen. Chemische Kommunikation ist nicht vorgesehen: „Konfuzius ist dem chemische Kommunikation ihrn Tod" könnte man in Analogie zu „Der Dativ ist dem Genitiv sein Tod" formulieren.

Die Menschen in Korea haben sehr empfindliche Nasen, Ohren und Augen, halten sich peinlich sauber und versuchen auch auf der Toilette nicht zu viele unanständige Geräusche und Gerüche zu erzeugen. Ein Tag vor einem Arztbesuch wird auch kein Knoblauch mehr gegessen, obwohl das für Koreaner ein Grundnahrungsmittel ist. Von Japan habe ich gehört, dass man dort kaum Parfums benutzt, die Parfümierung eines Shampoos reicht aus, der Duft eines Parfums ist schon zu intensiv.

Im asiatischen Raum funktioniert die Kommunikation ganz nach den Regeln des Konfuzius. Das Familienoberhaupt beschließt mit einem befreundeten Familienältesten die astrologisch vernünftigste Partnerschaft der Kinder. Eine asiatische Frau ist also dazu erzogen, für ihren Mann da zu sein und die Kinder zu erziehen.

In den 70er Jahren wurden zahlreiche koreanische Krankenschwestern für die deutschen Krankenhäuser angeworben. Das koreanische Essen, das die Krankenschwestern zubereiteten, war für deutsche Männer unterschiedlichster Temperamente ebenso gewöhnungsbedürftig wie die deutsche Kultur für die Koreanerinnen fremd war. Da die Koreanerinnen zusammen kochten, aßen und sangen, fehlte ihnen nichts außer der Heimat und Familie. Dank der fehlenden sprachlichen und chemischen Kommunikation kam man mit deutschen Männern jedoch ganz gut klar. Man hatte ja keine eigenen Erfahrungen zum Vergleich, eventuell glaubte man auch an den Froschkönig und konnte eine ganze Menge aushalten.

Bei Froschkönig kommen wir zu Grenouille (= Frosch), dem Titelheld aus dem Roman „Das Parfum“, der selbst körpergeruchlos über einen phänomenalen Geruchssinn verfügt (Süskind 1985). Die Idee zum Roman „Das Parfum“ ist phantastisch, weil sie die Kraft der chemischen Kommunikation demonstriert. Bei den Grundbedürfnissen geht es eben immer um Leben oder Tod und das sind anrüchige Themen, „kein Feuer ohne Rauch“ sagt man. Aber je länger man darüber nachdenkt, ergibt die Geschichte keinen Sinn. Leute wie Grenouille sind ähnlich wie „Ein Mann sieht rot“ cholerisch und zu denen passt der überwältigende Geruchssinn nicht.

Eine Ehekonstellation mit einer Cholerikerin (Gelbhaut) und einem Phlegmatiker (Bleichgesicht) geht aus wie das Märchen vom Fischer und seiner Frau Ilsebill, die nicht so will wie er so will (hervorragend verfilmt von Doris Dörrie).

Der Punkt ist, dass cholerisch veranlagte Menschen von Natur aus weniger gut zuhören können. Man könnte sagen, sie sind nicht sehr tolerant oder sie gehen ihren Weg, unbeschadet aller geruchlichen Hindernisse. Ein cholerisch veranlagter Mensch sagt: „Essen muss man ja“, ein melancholisch veranlagter Mensch dagegen sucht auch im Essen einen Sinn, er isst nur, wenn er Dopaminausschüttung, Erfolg, Glück, Genuss oder Spaß erwarten kann und vermeidet Fast Food, das für ihn eine Form von geschmacklosem Stress darstellt. Cholerische Menschen haben an der Rolle des Chefs, meist zu Recht, Geschmack gefunden, im Gegensatz zu ihren phlegmatisch veranlagten Mitarbeitern, die wegen der ständigen Bevormundung keinen Spaß mehr an der Arbeit haben. Man erinnert sich bestimmt an den Spruch aus dem Mund eines bekannten Tyrannen: „Sie mögen mich hassen, wenn sie mich nur fürchten."

Grenouille als mitleidloser Mörder mit grandiosem Riechvermögen ist ein Widerspruch in sich, nicht nur, was das Mitgefühl angeht, auch die Idee, sich mit dem Körpergeruch weiblicher Jungfrauen schmücken zu wollen, ist nicht wirklich logisch. Denn bei einer ermordeten Jungfrau extrahiert man Angstschweiß. Am Extrakt einer toten Jungfrau wird man auf jeden Fall auch den Tod riechen. Ein guter Menschenkenner weiß, dass die Ohren und die Haare besonders stark riechen, für die Jungfrauenduftgewinnung begnügt man sich mit den Haaren oder dem Ohrenschmalz adrenalinfrei und nachwachsend, also tolerant.

Es sei denn, man ist an der aphrodisierenden Wirkung von Adrenalin interessiert. In Korea gilt beispielsweise Hundefleisch als Aphrodisiakum. Da man dort im Allgemeinen wenig Mitleid mit Pflanzen oder Tieren hat, und die aphrodisierende Wirkung auf dem Adrenalin beruht, was bei Angst in allen Säugetieren freigesetzt wird, wird der Hund aufgehängt und noch ein bisschen mit einer Lötlampe gequält, bevor er in die Suppe kommt. Bei Pflanzen gibt es einen analogen Botenstoff zum Adrenalin bei Tieren. Bei Verletzung tritt ein Wundhormon aus, das nach frisch geschnittenem Gras riecht.

Wirtschaftlich sind viele asiatische Länder durch die Herstellung und technische Verbesserung bekannter Technologien groß geworden, Nachahmung oder Imitation liegt dort mehr in der Natur des Menschen als Neuschöpfung oder Kreation (Jellinek 1994). Das wirkt sich auch auf die Parfümerie aus, bekannte Düfte nachempfinden ist oft erfolgreicher als neue Düfte zu kreieren (Abb. 5).

Rechtzeitig zum Film zum Roman „Das Parfum, die Geschichte eines Mörders", haben zwei kreative (beide heißen Christoph(e)) Parfumeure 15 Szenen-Düfte kreiert, die es von Thierry Mugler zu kaufen gibt. Den Geruch Virgin 1, der dem Mirabellenmädchen nachempfunden ist, habe ich schon zwei Mal anriechen dürfen. Und ich habe mich gewundert über die Milchnoten, die mir in die Nase stiegen.

Abbildung 5: „Monkeys see monkeys do". Imitation wird oft der Neuschöpfung nach der „trial and error"-Methode bevorzugt.

Allerdings hat mir eine Kollegin erklärt, dass man im Schweiß Milchsäure ausscheidet, was Milchnoten in Virgin 1 (Aura) plausibel macht.

Auf der anderen Seite weiß ich aus Erfahrung, dass es Duftstoffe gibt, überwiegend aus der Familie der makrozyklischen Moschusriechstoffe, die eindeutig an warme Haut erinnern.

Und jedes Mal geht es mir so wie Stephen D., zweiundzwanzig Jahre alt, Drogenkonsument (Kokain, Psychostimulantien, hauptsächlich Amphetamine), in der Geschichte, die „Hundenase" von Oliver Sacks (1985): Bei bestimmten Gerüchen, die mich an Seife oder andere Duftquellen erinnern, fange ich an, nach der Seife zu suchen, weil der Geruchseindruck mir suggeriert, dass irgendwo real Seife sein muss. Oder um ein anderes Beispiel zu geben, wenn ich im Wald Pilzgeruch rieche, gehe ich davon aus, dass da irgendwo Pilze zu finden sind und fange an zu suchen.

Als Duft einer Jungfrau hätte ich also keine Milchnoten in Mirabellenschnaps oder Aldehyde genommen, sondern einen Duft nach warmer Haut, mit ein paar Lactonen ausgeschmückt (Pfirsichaldehyd z. B.) wie sie von bestimmten Pilzen auf der Kopfhaut und im Ziegenkäse gebildet werden. Dazu wäre auch noch die entsprechende Verdünnung wichtig gewesen. Ich bin mir jedenfalls sicher, dass es Duftstoffe gibt, die sensible Menschen aus der Gruppe der melancholischen Frauenversteher anfangen lassen, nach Jungfrauen zu suchen. Dass uns bestimmte Düfte an konkrete Situationen („es brennt") erinnern lassen, ist Teil des Phänomens, dass Düfte so real wahrgenommen werden, obwohl man sich gerade dabei gerne täuscht.

Stephen D. hatte seine Dopaminrezeptoren aktiviert, eventuell durch die Einnahme von Amphetaminen, Derivate des Dopamins mit ähnlicher Kommunikationskraft. Man könnte sagen, er sei auf den Geschmack gekommen. Jedenfalls beschreibt er, wie real seine Welt, seine Patienten und auch ein Parfumgeschäft durch dieses gesteigerte Riechvermögen wurde. Was ich besonders interessant fand, war, dass er alles befühlen und beschnuppern musste, also wie nah der Tastsinn den eigentlichen chemischen Sinnen geht.

Uns ist nicht bewusst, wie wichtig der Tastsinn beim Essen ist, es schmeckt eben nur, wenn man sich nicht den Mund dabei verbrennt. Eben weil der Tastsinn unterschätzt wird, ist er ein mehr chemischer Sinn, also weil wir uns seiner nicht bewusst werden. Ein Kältegefühl kann physikalisch durch kaltes Wasser oder eine kalte Brise geschehen oder durch Pfefferminze, Menthol oder andere kälteeffektive Mittel, wie z. B. Kaugummi, Zahnpasta oder Hustenbonbons.

Bei manchen Duftstoffen hat man jedenfalls den Eindruck, man würde die chemische Struktur abtasten. Viele klassische Parfums riechen „pudrig", so real, dass man meint, die Damen oder die Flüssigkeit enthielten Puder. Dihydro-ß-jonon riecht für mich nach Puderzucker, Cumarin nach Brausepulver, Vanillin nach Schokolade und Bleistifte nach Zedernholz. Sehr schön ist auch „Feuerstein", das riecht wie der Brandgeruch, der auftritt, wenn man mit Feuersteinen Funken geschlagen hat und kommt als Duftstoff (Veramoss, Evernyl) in Eichenmoos vor. Die Beschreibungen dieser Geruchseindrücke sind mechanisch oder physikalisch und entsprechend ist auch ein Teil der Geruchseindrücke trigeminal, mechanisch, Schmerz- oder Temperaturempfindung an den in die Nase ragenden Ausläufer des Gesichtsnervs mit dem Namen Trigeminus.

Meine Erziehung sorgt dafür, dass ich esse, was auf den Tisch kommt und auch noch den Teller leer. In Korea ist es für eine gastgebende Köchin untragbar, auch einen Überraschungsgast hungrig wieder nach Hause gehen zu lassen. Wenn also ein Teller (in diesem Fall eine Reisschüssel) leer ist, wird sie natürlich wieder gefüllt. Meine Erziehung verhindert, dass ich meiner koreanischen Köchin höflich nein sage, indem ich etwas Reis in der Schüssel lasse. In Korea heißt eine leere Reisschüssel „Ich habe noch Hunger". In Deutschland heißt ein leerer Teller „Es hat gut geschmeckt".

In Südamerika nun ist die Welt voller Sanguiniker beiderlei Geschlechts. Wenn man nicht Samba tanzt oder im Rodicio speist, genießt man den Strand und das Meer oder die aktive Zweisamkeit. Geboren aus der Größe und Fruchtbarkeit des Landes und der Armut der Leute hat man sich für das kurze, aber aufregende Leben und nicht für das lange langweilige entschieden. Die Lebenslust gepaart mit unstillbarem Hunger nach Bewegung und Fleisch ist typisch für Südländer. Daher ist auch in Südvietnam der Einfluss des Konfuzius nicht mehr so deutlich spürbar wie in Südkorea.

Zu den Grundbedürfnissen gehören Essen und Trinken, familiäre und andere Beziehungen. Sind die Grundbedürfnisse gesichert, kann man sich den Dingen, die Spaß machen, zuwenden, das sind die Künste.

Die Kunst der chemischen Kommunikation ist die Kosmetik. Die Parfümerie als Teil der Kosmetik ist eine Kunst mit Kunstwerken aus Riechstoffen. Insofern sind in einem aus Duftstoffen bestehenden Kunstwerk eine ganze Menge Botenstoffe enthalten, die jedoch bewusst eingesetzt werden, um einen neuen Duft zu erschaffen (Frith 2007). Primär ist die Kunst da, um das Bedürfnis des Künstlers nach Kreativität zu befriedigen, noch besser wenn das Publikum seine Genialität erkennt. Da seine Materialien allerdings auch Geld kosten und er seine Grundbedürfnisse befriedigen möchte, hat sich eine Industrie entwickelt, die die Werke ihrer Parfumeure vermarktet und damit sehr viel Geld verdienen kann (Abb. 6).

Abbildung 6: Lebenslanges Lernen, in Indien kann man eine Vielzahl neuer ungewöhnlicher Duftquellen finden

Die Verwenderin eines Parfums kann die Botschaft nicht lesen, wenn sie nicht selbst Künstlerin ist und die Duftbausteine kennt. Aber jede kann sagen, was ihr gefällt und was nicht, außer natürlich die temperamentvollen Choleriker, die kaufen dann eben das billigste, teuerste oder das in der schönsten Verpackung.

Beispiele für fehlgelaufene chemische Kommunikationen sind Geschichten wie „Das Parfum", „The Bitch" (Dahl 2002) oder „Musk" (Kemp 2003). Alle diese Geschichten gehen tragisch aus und enden mit dem Tod. Aber der Duft für die Schlussszene in „Das Parfum" wollte den beiden Christoph(e)s nicht gelingen, vielleicht waren auch die Testpersonen ausgestorben. Ein solcher Duft würde keinen Sinn machen, genauso wenig wie die Befriedigung von zwanzig Jungfrauen, daher wäre es sinnvoller, auch einmal einen Duft zu Gottfried Kellers Novelle „Das Sinngedicht" zu kreieren. Leider bin ich kein Parfumeur und außer einem oder zweien hören die Parfumeure nicht auf mich. Aber der Spruch „... küss eine schöne Galathee, sie wird errötend lachen" aus dem 16. Jahrhundert zeigt, dass man früher viel intensiver chemisch kommunizierte als heute, dafür ist heute die Duftkunst besser entwickelt. Der bekannte Duftforscher Roman Kaiser (2006) hat in der Einleitung seines Buches „Meaningful Scents around the World" geschrieben, dass Körpergeruch ein Zeichen von Leben ist. Ein körpergeruchloser „Grenouille" war für ihn schon unvorstellbar. Insofern kann man sich ein Leben ohne chemische Kommunikation gar nicht vorstellen.

Und der Clou ist: Die chemische Kommunikation, also das, was wir an Stoffen (Essen, Trinken, Atmen) in unser Innerstes lassen, ist quasi das, was wir von unserer Eigenwahrnehmung aus (Körpergeruch, Exkremente, Schweiß, Streicheln, Körperkontakt) nach außen kommunizieren. Unsere chemischen Sinne und die Haut sind quasi die Fühler oder Hände, die wir ausstrecken, um nicht nur uns selbst gefühlsmäßig zu erfahren.

Literatur

Dahl, R. (2002): Kuschelmuschel: Reinbek: Rowohlt (Tb).

Frith, C. (2007): Making up the Mind: How the brain creates our mental world. Blackwell.

H&R Edition (1997): Fragrance Guide – Duftatlas – Atlas Olfactif. Hamburg: Glöss.

Hatt, H.; Dee, R. (2008): Das Maiglöckchen-Phänomen. München: Piper.

Jellinek, P. (1994): Die psychologischen Grundlagen der Parfümerie. Springer.

Kaiser, R. (2006): Meaningful Scents around the World. Weinheim: Wiley-VCH.

Kemp, P.; Cordes, V. (2003): Musk. Frankfurt/Main: Fischer (Tb).

Klitsie, H. (2003): Die Logik des Glücks. Vom Abenteuer einer spirituellen Suche. München: dtv. Neuauflage 2006 unter: Meine Reise nach Indien. Vom Abenteuer einer spirituellen Suche. München: dtv.

Sacks, O. (1985): Der Mann, der seine Frau mit einem Hut verwechselte. Reinbek: Rowohlt, 26. Auflage 2006.

Süskind, P. (1985): Das Parfum. Zürich: Diogenes

Williams, X. (1997): Die vier Temperamente. München: Kabel.

Zehentbauer, J. (1992): Körpereigene Drogen. München: Artemis & Winkler.

Almut Baumgarten

Am Weiher

Der Frühling hat lang auf sich warten lassen. Es ist der erste schöne Tag, und dabei haben wir schon Mai. Ich hatte übern Winter beinah vergessen, wie wohl die Wärme tut, wie tief sie in die Haut dringt, schließe die Augen und senke den Kopf ein wenig in den Nacken. Meine Füße finden schließlich blind den Weg zum Weiher. Wie oft bin ich ihn schon gegangen. Ich weiß auch ohne hinzusehen, dass rechts die fetten Wiesen liegen, und unter den Kirschbäumen die Kühe weiden, die kaum die schweren Schädel heben, wenn sie mich kommen hören. Es kümmert sie nicht. Von links her tönt der Wald. Die Vögel rufen sich was zu oder hüpfen durchs Unterholz auf ihrer unermüdlichen Futtersuche. Dürre Äste knacken entzwei, ein Fuchs vielleicht, oder ein Reh, das die Flucht ergreift. Ich öffne die Augen. Der Weg nimmt eine leichte Kurve, windet sich nach rechts, immer am Waldrand entlang. Die Steigung ist gering, nicht zu erkennen für ein Menschenauge. Möglich, dass ich gar nichts von ihr wüsste, dass ich den sanften Anstieg nie bemerkt hätte, wenn nicht der Rollstuhl wäre, wenn ich nicht Tag für Tag und an der immer selben Stelle hinter Atem käme, kurz vor dem Ziel. Keine hundert Meter mehr, dann geht es in den Wald hinein und bald darauf steh ich am Weiher. Zu den Geräuschen, die ein Wald im Frühjahr von sich gibt, kommen an diesem Ort noch die des Tümpels. Am dicht bewachsenen Ufer streiten die Frösche, bevor sie sich mit einem leisen Platschen ins Wasser fallen lassen, hinuntertauchen auf den Grund, als wären sie gekränkt. Ich stell die Bremsen an den großen Rädern fest. Beide, zur Sicherheit, obwohl es reichte, eine anzuziehen, dann setze ich mich ein paar Schritte weiter auf einen umgestürzten Baumstamm, blicke auf die ruhige Wasseroberfläche, die das Sonnenlicht zurück in den Himmel wirft.

„Eigenartig, dass wir hier noch nie einem Menschen begegnet sind, nicht ein einziges Mal, während uns auf dem Weg doch immer irgendwer entgegenkommt, die Leute mit ihren Hunden, die jungen Frauen, die ihr Kind am Wald entlang schieben, und dann die Sportler, die Läufer und die Radler. Keiner von ihnen schlägt einmal den Weg zum Tümpel ein. Immer bin ich hier allein. Mit dir. Als wüsste niemand mehr, dass dieser Weiher existiert. Außer mir. Das ist doch eigenartig, oder nicht?“ Ich erwarte keine

Antwort. Dennoch mach ich eine kleine Pause. Vielleicht um in mir selbst den Eindruck zu erwecken, wir führten ein Gespräch, den Anschein einer Unterhaltung. „Wer sich hierher begibt, verschwindet aus der Welt, wird unsichtbar. Puff und weg."

Ich spielte nur. Es war ein Spiel. Ein Kinderspiel. Und ganz ohne Belang. Es hatte nichts zu bedeuten. Meine Kindheit war nicht schlimmer als jede andre auch. Es war ein Spiel. Indessen eines, das ich in Erinnerung behielt, während ich alle anderen vergaß. Viel wurde bei uns ohnehin nicht gespielt. Der Vater kochte hinten Wurst und hackte Knochen klein. Die Mutter stand im Laden. Und ich schlug oben in der Wohnung meine Zeit tot. Wenn Vater Bäcker wäre, träumte ich fast täglich, wenn er doch in der Backstube statt in der Wurstküche hantierte. Dann könnte ich zu ihm hinunter, dann würde ich mit ihm Brote formen, Kuchenteig kneten, Torten verzieren. Bei allem, was in einer Bäckerei zu tun ist, würde ich ihm zur Hand gehen. Aber Vater musste ja ein Metzger sein, den ganzen Tag nur unter rohem Fleisch und harten Knochen. Wer dreht schon gern am Fleischwolf, nimmt nackte Hühnchen aus, kocht rote Blutwurst? Und wer zum Teufel nascht schon gerne Fleischkästeig? Dagegen meiner Mutter war die Wurst so lieb wie jede andre Ware. Für sie kam es nicht darauf an, was sie verkaufte, sie hätte wohl auch faule Eier feilgeboten, wenn sie dafür nur hinter einer Theke stehen und mit den Leuten reden konnte. Nichts tat sie lieber. Niemals war sie still. Vater musste sich wie keiner sonst auf sein Handwerk verstehen, wenn die Leute für seine Leberwurst und seinen Krustenbraten bereit waren, den Laden zu betreten, dachte ich. Denn kaum war jemand drin und hatte etwa drei Pfund Rindergulasch verlangt, begann sie ihn darüber aufzuklären, dass der Spritzer frische Zitrone unter keinen Umständen fehlen dürfe, wenn ein Gulasch glücken soll, nur im Notfall tät es auch ein Becher saure Sahne, dass ihr beim Gulaschkochen neulich erst ein Missgeschick passiert sei. Die Zitronenpresse sei ihr umgekippt, als sie die einzige Zitrone im Haus auspresste. Der ganze Saft auf dem Küchenboden. Und wo bitte nimmt man am Sonntag eine frische Zitrone her? Nicht dass sie etwas gegen die Nachbarn einzuwenden habe, nette Leute seien das, die Nachbarn, aber sonntags klingele man bei denen besser nicht an der Tür. Erklärte meine Mutter, ohne Atem zu schöpfen, während sie das Schulterstück wog, in mundgerechte Stücke schnitt und in die Tüte packte. Selbst während sie kassierte, während sie Scheine entgegennahm, rechnete und Wechselgeld zählte, sprach sie weiter. Und wurde auch am Abend nicht müde. Ob wir am Abendbrottisch saßen oder vor dem Fernsehgerät, ob einer von uns ein Buch oder die Zeitung las, jede Tätigkeit wurde von ihr mit Kommentaren versehen, durch Belehrungen begleitet und mit Anekdoten illustriert. Wenn man sie bat, eine Zeit lang still zu sein, brach vor lauter Empörung der Redestrom nur umso heftiger aus ihr hervor. Und immer sprach sie um ein Weniges zu laut. Kein Wunder, dass wir verstummten, Vater und ich. Nur wenn es unvermeidlich war, gebrauchten wir Worte. Wären wir in der Lage dazu gewesen, hätten wir uns wohl mit Hilfe der Gebärdensprache verständigt, aber vermutlich wäre selbst das Gestikulieren für uns ein Ausdruck von Geschwätzigkeit gewesen. Die Stimme der Mutter, war die Begleitmusik meiner Kindheit und der Unterton all meiner Tage. Mittlerweile kann ich mich an ihren Klang kaum mehr erinnern. Und so sehr ich sie mein Leben lang hasste, so verhasst ist mir inzwischen ihr Schweigen.

Als der Vater starb, glaubte ich, es würde besser werden. Sie würde nicht mehr ohne jede Unterbrechung reden, würde aus Respekt vor dem Verstorbenen, aus Ehrfurcht vor dem Tod, vielleicht aus Trauer oder sonst einem Grund eine Pause einlegen. Sie tat es nicht. Auch auf den Toten sprach sie ein. Kein Gedanke, an dem er nicht teilhaben sollte, keine Meinung, die ihm nicht mitgeteilt werden musste, keine Frage, die nicht an ihn gerichtet wurde, gerade so als wäre er noch am Leben und könnte ihr Auskunft geben. Erst als die Männer vom Bestattungsunternehmen den Vater aus dem Haus getragen hatten, ließ sie davon ab, das Wort an ihn zu richten, und wandte sich vollständig mir zu. Leiser wurde sie nicht. Vaters Tod änderte nichts. Nur dass mir der stumm Vertraute fehlte. Es war keiner mehr da. Außer ihr. Wenn nicht einmal der Tod des Vaters es vermochte, die Mutter für eine Weile zum Schweigen zu bringen, was sollte dann je in der Lage sein, der Frau die Sprache zu verschlagen, dachte ich. Ahnungslos. Sie stellte einen Metzgermeister ein, der in der Wurstküche die Arbeit tat, hinter der Theke stand wie immer sie. Der Laden lief schlechter ohne den Vater. Dennoch ging die Mutter Morgen für Morgen hinunter, wartete auf Kundschaft, erzählte mir am Abend von Leuten, die gar nicht da gewesen, Gesprächen, die gar nicht geführt worden und Einnahmen, die nie gemacht worden waren. Als der Schlag sie traf, war das Ende des Ladens längst unausweichlich. Sie hätte ihn so oder so nicht weiterführen können. Dabei ist seine Lage günstig. Die Pachteinnahmen reichen aus. Wir brauchen nicht viel.

„Was ist?" frage ich. „Warum machst du die Augen zu? Es ist helllichter Tag. Morgen noch. Seit bald zwei Jahren verschläfst du die Tage, und nachts liegst du wach, kriegst die Augen nicht zu, stöhnst und schreist und wimmerst. Man könnte meinen, du wärst bereits zu Lebzeiten dein eignes Nachtgespenst geworden. Nicht schlafen, Mutter. Zum Schlafen ist die Nacht da. Mach deine Augen auf. Glaubst du, ich schieb dich extra da herauf, an diesen Ort, nur damit du hier am Weiher ein Nickerchen machst?" Ich bin aufgesprungen, packe sie am Arm und schüttle sie wach. Ihr Gesicht verzieht sich ein wenig. Kaum merklich. Wer sie nicht kennt, der würde die Veränderung nicht sehen. Ohnehin ist es verzerrt. Schief nach unten gezogen der Mund, die Wange, das Auge. Nichts in ihrem Gesicht ist noch an seinem Platz. Sie sieht aus wie ein Porträt des späten Picasso. Nur ein Kenner würde eine geringfügige Manipulation an einem solchen Porträt bemerken. Und meine Mutter kennt ja niemand mehr. Außer mir. Ich bin die einzige Expertin auf diesem Gebiet. Tatsächlich öffnet sie die Augen.

„Na also, geht doch", sage ich und lass mich wieder auf dem Baustamm nieder.

Es war nur ein Spiel, ein Kinderspiel. Welches kleine Mädchen wünschte nicht, es könne zaubern, könne die Welt nach seinem Willen wandeln? Wir saßen gemeinsam im Zug. Der Vater sah schweigend aus dem Fenster, froh vielleicht, dass die Mutter das Wort an die Mitreisenden richtete und nicht an ihn. Auf Bahnfahrten fand sich noch immer jemand, der bereit war, ihr für eine Weile sein Gehör zu schenken. Vielleicht war das der eigentliche Grund dafür, dass wir so häufig mit dem Zug verreisten. Vater wird mir leise vorgelesen und ein paar Runden Mau Mau mit mir gespielt haben, dann werden wir die Karten weggepackt haben und bald schon wird die Zeit mir lang geworden sein. Mit dem Anblick vorbei eilender Landschaften gibt sich ein Kind zu seiner Unterhaltung nicht zufrieden. Ich musste mir die Zeit vertreiben. Möglich, dass mein Vater mir aus der kleinen Hexe vorgelesen hatte. Ich weiß es nicht mehr. In jedem Fall kamen mir Zaubersprüche in den Kindersinn, und ich begann, die altbekannten Formeln zu verwandeln, mir neue, nie gehörte zu erdenken und sie halblaut vor mich hin zu murmeln. Vollführte vielleicht auch bedeutungsvolle Bewegungen dazu. Mit meinen kleinen Händen.

„Sandawandakabalele. Minjawinjaziriginja. Wulusalumukmabalu. Sandawandakabalele. Minjawinjaziriginja. Wulusalumukmabalu."

„Was redest du da, Kind? Was machst du?" Meine Mutter unterbrach die ausführliche Schilderung unseres Urlaubzieles, dessen Vorzüge sie schon seit geraumer Zeit ihrer rechten Nachbarin anpries.

„Zaubern."

„Zaubern."

„Ich zauber..., ich zauber..., ich zauber Papa weg. Schau! Ramiganitalabani – puff und weg!"

Vater war zwar nicht verschwunden, aber immerhin, er machte ein versteinertes Gesicht.

„Ist ja ein Ding", sagte Mutter „zaubert das Kind so mir nichts dir nichts den eigenen Vater fort."

Und schon bereute ich es, dass ich nicht die Mutter fort gezaubert hatte, dass nicht sie stumm und versteinert saß.

„Ramiganitalabani – zack zurück. Da ist er wieder", sagte ich schnell.
Der Zug fuhr gerade in einen Bahnhof ein. Die Nachbarin der Mutter erhob sich und wünschte uns noch eine gute Reise.

„Da hab ich ja noch einmal Glück gehabt." Vater schüttelte sich, als sei er eben aus einem unerquicklichen Schlaf erwacht.

„Wollen wir doch mal sehen, ob ich nicht auch zaubern kann: Ramitami und Salami – puff und weg! Na also. Klappt doch. Ist ja ganz einfach, die Zauberei. Ist gar kein Kunststück", sagte die Mutter.

Ich lachte.

„Salami! Doch nicht Salami! So geht doch kein Zauberspruch. Du musst anders zaubern. Nicht mit Salami oder Fleischwurst."

Sie reagierte nicht.

„Da auf den Bahnsteig hab ich sie gezaubert. Siehst du? Da steht sie", sagte Mutter und zeigte aus dem Fenster in die Menschenmenge. Die Reisenden eilten der Treppe zu oder standen orientierungslos auf dem fremden Bahnhof, suchten noch den rechten Ausgang, andre hielten Ausschau oder winkten denen, die gekommen waren, sie abzuholen, einzelne warteten ruhig auf den nächsten Zug. Unserer ruckte schon wieder an. Es ging weiter.

„Da drüben beim Süßigkeitenautomat. Wo sonst. Siehst du sie? Tschüß, tschüßchen!" rief die Mutter und winkte aus dem Fenster Richtung Automat. Und der Vater drehte tatsächlich den Hals und blickte hinaus. Der Zug hatte schon Fahrt gewonnen und immer schneller wurde er.

„Ich bin ja hier. Du kannst doch gar nicht zaubern!"

„In ihrem blauen Kleid. Wie klein sie schon ist", sagte Mutter.
Der Vater sagte nichts. Er widersprach ihr nicht. Und meine Mutter kicherte. Winkte aus dem fortrasenden Zug und kicherte, amüsierte sich, dass ihr der Zaubertrick so gut geglückt war.

„Hier bin ich. Im Zug“, sagte ich noch einmal. Leiser.

„Und weg. Man kann sie nicht mehr sehen. Beim besten Willen nicht.“ Sie seufzte übertrieben. Dann wandte sie sich wieder anderen Dingen zu. Die fortgezauberte Tochter, dieses kleine Mädchen im blauen Kleid, das verlassen auf einem fernen Bahnsteig stand, war vergessen. Die Frisur der ausgestiegenen Nachbarin, der hohe Ölpreis oder die Unpünktlichkeit des Lehrlings waren wichtiger. Und während die Mutter auf den Vater einsprach, der ihr, die Augen nur zur Hälfte geöffnet, gegenübersaß, und längst beim grünen Star des Onkels angelangt war, dachte ich noch immer an das einsame Kind auf dem Bahnsteig, verloren wie ein Hund, der seinem Halter lästig geworden war, und auf der Fahrt in den Süden ausgesetzt wurde, an irgendeinem heruntergekommenem Rastplatz.

„Erinnerst du dich noch an unsere Fahrt an die Riviera. Ich muss gerade fünf gewesen sein. Vielleicht auch sechs. Ich weiß es nicht genau. Jedenfalls war ich noch klein. Weißt du noch? Du kannst dich doch erinnern! Wir fuhren mit dem Zug.“

Die Frösche und die Vögel, die Molche im tiefen Schlick und selbst die hellen Blätter an den Zweigen um mich her scheinen Antwort zu geben. Alles spricht zu mir. Außer ihr. Den Kopf ein wenig zur Seite geknickt starrt sie stumm übers Wasser zur anderen Seite des Tümpels hin. Tief in den Wald hinein. Ein Speichelfaden rinnt aus ihrem geöffneten Mund und hinterlässt auf der grünen Trainingsjacke einen dunklen Fleck. In den geraden Wochen trägt sie den blauen Trainingsanzug. In den ungeraden zieh ich ihr den grünen an. Noch sind wir in der einundzwanzigsten. Sie tut, als hätte sie den Vorfall vergessen. Als läge er zu weit zurück.

„Du weißt wovon die Rede ist. Guckst, als ging dich die Geschichte nichts an. Als wärst du nicht dabei gewesen. – Ich sehe dir an, dass du dich sehr genau erinnerst. Und dein Gekicher noch ebenso gut ihm Ohr hast wie ich.“

Es ist erstaunlich, wie viel Kraft die Sonne hat, bereits am ersten Tag. Nur gut, dass ich auch an die Kappe dachte, eine hellrote Baseballkappe mit buntem Aufdruck: kleine, rennende Männchen. Ein Geschenk der Krankenkasse. Der raue Stamm ist nicht bequem. Zu tief und ohne Lehne. Der Rücken tut mir weh. Ich stehe auf, wisch der Mutter die Spucke vom Kinn, zieh ihr die Kappe noch ein Stückchen tiefer in die Stirn und mach mich auf den Heimweg. Langsam den kühlen Pfad entlang durch den Wald, in dessen Schatten die Wärme noch nicht gedrungen ist. Und dann längs den Wiesen der Stadt zu. Immer im Licht. Die Kühe unter den Bäumen wenden mir ihr

Hinterteil zu, die schaukelnden Schwänze. Die Vögel im Wald haben ihr Gespräch für eine Zeitlang unterbrochen. Erst gegen Abend wird es wieder aufgenommen. Um die Mittagszeit geschieht hier nicht viel. Wie still es ist. Nur die Fluggeräusche der rastlosen Insekten sind zu hören, ein leises Brummen, Surren, Schwirren. Ich höre sie zum ersten Mal. Auf einem Kiesweg läuft kein Rad der Welt geräuschlos. Der Rollstuhl übertönte sie. Bisher.

Almut Baumgarten

Die Nase eines Toten

Die Nase eines Toten, heißt es, sei spitzer als sie zu seinen Lebzeiten gewesen ist. Mag sein. In Großvaters Fall spielte das Phänomen der postmortalen Nasenzuspitzung indes keine Rolle. Großvater besaß schon vor seinem Tod die spitzeste Nase, die mir jemals begegnet war, und im Stillen dankte ich der Natur so manches Mal dafür, dass sich bei meiner Erzeugung, was die Nasenform anging, die weitaus zurückhaltendere Linie meiner Mutter durchgesetzt hatte. Großvater war ein großer, schlanker Mann gewesen, sein Hals war lang, sein Schädel schmal. Der Tod hatte ihn nicht verändert, vielleicht, dass er ein wenig blass geworden war, im Großen und Ganzen aber sah Großvater so aus wie sonst auch: wie ein Windhund. Wie ein toter Windhund, einer, der in vollem Lauf an eine Glastür knallte und sich sein Genick brach. Ich stand am Fuße des Kiefernsarges und blickte auf Großvater nieder. Er ist zu lang, dachte ich, Großvater ist zu lang für den Sarg, sein Scheitel stößt beinah ans Holz, oder vielmehr ist der Sarg zu kurz. Meine Tante war immer geizig gewesen, für ihren Vater einen Sarg in Übergröße anzuschaffen, war ihr nicht in den Sinn gekommen. Großvater hatte seiner Tochter den Geiz nie übel genommen. Sie sei eben sparsam, hatte er augenzwinkernd gesagt, wenn ich darüber herzog, dass sie Kaffeefilter auswusch, um sie ein zweites oder drittes Mal zu benutzen, oder bunte Ringe an die zu kurz gewordenen Hosenbeine ihrer Kinder strickte, und wenn es ihm noch möglich gewesen wäre, hätte er seine Sparsamkeitsthese vermutlich ebenso heiter wiederholt, als die Männer des beauftragten Bestattungsunternehmens ihn fluchend in den zu kurzen Sarg hinein zwängten.

Ich sah mich um, obgleich ich in dem fensterlosen Raum alleine war, sah schnell zur Tür hin, bevor ich die Totendecke griff und anhob. Tatsächlich reichten seine Füße bis ans unterste Ende des Sargs, saßen stramm am Holz, kein Blatt hatte mehr Platz zwischen Großvaters Fußsohlen und dem Sargende. Dafür steckten seine Füße in weißen Socken. An den Socken hätte sie sparen sollen statt am Sarg, dachte ich, legte die Decke wieder über Großvaters Füße und strich sie glatt. Ein Toter friert nicht. Mir dagegen war kalt. Ich grub meine Hände in meine Manteltaschen, die Finger meiner Rechten spielten mit dem kleinen Lederetui darin, während ich wieder auf

Großvaters Gesicht sah und auf seine weißen Locken. Das hatte noch nie zueinander gepasst, sein Gesicht und sein Haar, es war, als hätte die Natur sich einen Scherz erlaubt, solch ein Windhundgesicht und solches Pudelhaar zusammenzufügen. Wie oft hatte ich ihm in den Ohren gelegen mit seinem Haar. Eine Strähne, Großvater, nur eine einzige Strähne, hinten aus dem Nacken, keiner wird sehen, dass da was fehlt, Großväterchen, bitte! Großvater aber blieb hart.

In einer Schulstunde hatte alles begonnen. Ich war fünfzehn und wollte durchaus nichts wissen über Entstehung, Förderung und Transport von Rohöl, und sann in jener Erdkundestunde über andre Dinge als Rohstoffvorkommnisse nach, träumte von irgendwas oder irgendeinem und zwirbelte dabei mit einer Hand mein Haar. Der Himmel weiß, wie in die andre Hand mit einem Mal meine Schere geriet, und weshalb, während ich träumte, die eine Hand die Strähne abschnitt, mit der die andre Hand spielte. Das Haar war in jedem Fall ab, eine fingerdicke Strähne glatten, sehr glatten, dunkelblonden Haars landete grundlos auf meinem Erdkundeheft.

Durch einen Zufall lag daneben ein zweites, sehr viel kleineres und noch vollkommen unbeschriebenes Heft, ein leeres Oktavheft, das ich vermutlich zum Eintragen der Hausaufgaben angeschafft hatte, es war einmal da, und weil die Rohölgewinnung noch immer nicht abschließend erörtert worden war, schrieb ich meinen Namen und das Datum, es war der zwölfte Mai 1990, auf die erste leere Seite des Hefts und klebte die herabgefallene Strähne mit einem Tesastreifen unter meinem Namen fest. Prompt nahm meine Nachbarin den Finger, der eben noch eine grüne Pipelinelinie vom Wolga-Ural-Revier bis nach Berlin verfolgt hatte, vom aufgeschlagenen Atlas, griff zu meiner Schere und trennte sich von einer ihrer roten Locken, die ich sogleich entgegennahm und auf der zweiten Seite fixierte. So unauffällig, wie derlei eben möglich ist, reichten wir die Schere weiter und wiesen mit heimlichen Gesten darauf hin, was mit ihr zu tun sei. Im Nu ging so die Stunde um und noch am selben Tag besorgte ich ein weiteres Oktavheft. Durch mein vollständiges Desinteresse an fossilen Rohstoffen war ich ans Sammeln geraten.

Anfangs wuchs mein Haararchiv in rasender Geschwindigkeit an. Bald sprach es sich herum, dass eine aus der 10a die Haare fremder Leute sammelt, und in den Pausen kam es vor, dass meine Mitschüler bei mir Schlange standen. Jeder wollte mit seinem Haar in meinem Heft verewigt sein. Zu meinem sechzehnten Geburtstag bekam ich eine kleine Schere in einem roten Lederetui geschenkt, die ich seither stets bei mir trage. Endlich wagte ich mich auch an die Lehrer ran. An deren Haar legte ich allerdings nicht selber Hand und Schere an, ich streckte ihnen meine Schere hin und bekam sie in der Regel samt einer Strähne Lehrerhaars und einem belustigten Kopfschütteln zurück. Schließlich fand sich von jedem Schopf der Schule ein Musterexemplar in meinem Heft. Bedauerlich nur, dass sich ausgerechnet der Erdkundelehrer, mit dem alles begonnen hatte, nicht in meiner Sammlung findet, sein Schädel war kahl, und Barthaar akzeptierte ich nicht. Auch meine Handballmannschaft war mit ihrem Haar komplett in meinen kleinen Heften versammelt. Hin und wider wagte ich mich samstags nach dem Spiel noch in die Kabine des gegnerischen Vereins. Wenn wir verloren hatten, war die Ausbeute groß. An solchen Tagen waren die Gegnerinnen großzügig gestimmt und weigerten sich nicht, meiner eigenartigen Bitte um ihr Kopfhaar zu entsprechen.

Auch die Haarpracht meiner Verwandtschaft war mittlerweile längst archiviert. Und meine Sammlung sprach sich herum. Es kam vor, dass ich einen Brief im Briefkasten fand, in dem das Haar von einem Menschen steckte, den ich gar nicht kannte. Auf der letzten Seite von Heft Nr. 8 klebt die Haarsträhne eines Kommilitonen, der sich für mich an einem Tag im Januar von einer dunkelbraunen Strähne trennte, und auf zwei Seiten in einem späteren Heft das zarte Haar meiner Kinder, in exakt demselben dunklen Braun: ihre Haarfarbe haben die Mädchen vom Vater. So füllte sich über die Jahre Heft um Heft. Haar in jeglichen Farben und Formen war da zusammengekommen, blond in allen Schattierungen, jede Art von Braun, helles und dunkles Rot, Schwarz natürlich, gefärbtes und ergrautes Haar, kein Farbton, der mir fehlte, und auch keine Form vom glatten bis zum Kraushaar, vom feinen, fast durchsichtigen Babyhaar bis hin zu einer dunklen Strähne, so kräftig und struppig, als stammte sie von einem Hunderücken und nicht von einem Menschenkopf.

Selten bat ich vergebens um eine kleine, wenige Zentimeter lange Haarspende. Die Freigebigkeit der Menschen ihr Haar betreffend war groß, sie amüsierten sich, belächelten die harmlose Leidenschaft und ließen mich mit meiner Schere an eine verborgene Stelle ihres Schopfes. Und immer ging ich behutsam vor, niemals beschwerte sich eine, ich habe zuviel abgeschnitten oder gar ihre Frisur ruiniert. Einer jedoch ließ mich in all den Jahren durchaus nicht an sein Haar: Nur über meine Leiche, sagte Großvater, so oft ich mit meiner Schere kam. Eines Tages, glaubte ich, gäbe er seinen Widerstand auf, doch bis zuletzt blieb er eisern. Nur über meine Leiche, Liebes, sagte Großvater und dann setzte er zu seiner großen Rede an. Sie wiederholte sich fast wörtlich, wann immer ich es wagte, meinen Wunsch nach einer seiner weißen Locken anzusprechen. Ich könne froh sein, begann Großvater in der Regel, dass ich seine Enkeltochter sei, andernfalls nämlich könnte er für nichts garantieren. Die Liebe aber zu den eigenen Kindern und Kindeskindern sei wie der Herzschlag einfach da, poche rastlos vor sich hin, ob man es wolle oder nicht, dagegen ließe sich nichts machen, kein Mensch sei in der Lage, seinem Herzen zu befehlen, das Schlagen sein zu lassen und ebenso wenig sei es möglich, sein Kind nicht zu lieben, oder sein Kindeskind. Ich könne wahrhaftig von Glück reden, denn andernfalls hätte er mich längst schon zum Teufel gejagt mit dieser Unsitte, dieser ekeligen Leidenschaft, mit dieser widerlichen Haarsammelei.

Ich habe, sagte er, nichts gegen Haare, keine Aversion, keine Allergie und auch sonst nichts einzuwenden, nicht an dem Gegenstand deiner Sammelleidenschaft nehme ich Anstoß, sondern allein an der Form, am Sammeln selber, an der Lust, ach was Lust, am Zwang die Gegenstände der jeweiligen Sammelei zusammenzuraffen, anzuhäufen, an diesem Streben nach Vollständigkeit. Ich hatte, als ich jung war, einen Freund. Du kennst die Geschichte. Heribert war ein reizender Kerl, freundlich gegen jeden, hilfsbereit und blitzgescheit. Wir hatten eine gute Zeit... Bis er mit seiner Sammelei anfing. Ende der Vierziger Jahre hat es mit Füllhaltern begonnen, und bald sind zu der Füllersammlung weitere Sammlungen hinzugekommen, alte Straßenschilder, Stahlhelme, Krawattennadeln trug er nunmehr auf dem Speicher über seiner Bude zusammen und sortierte sie dort unterm Dach in gestapelten und beschrifteten Kisten. Kein Ding war ihm zu groß oder zu sperrig, keines zu klein und zu bedeutungslos. Wir trafen uns nun seltener, und unsere Treffen wurden eintönig, weil er mich stets auf seinen Speicher führte, wo ich irgendwelchen Plunder bewundern sollte, den er aus einer der Kisten zerrte. Doch noch besuchte ich ihn, schließlich war Heribert mein Freund, und eine Freundschaft kündigt man nicht ohne guten Grund, nicht wahr?

Eines Tages präsentierte er mir stolz einen schwarzen Ordner. Heribert hatte begonnen, Listen anzufertigen von all seinen Sammlungen, kein Gegenstand entkam der Registrierung, und nach kurzer Zeit war jedes Ding notiert. Schließlich ging Heribert so weit, auch Dinge ganz andrer Art aufzulisten: Heribert begann damit, Gedankendinge zu sammeln. Er erstellte eine

Liste von Menschen, die blutsverwandt mit ihm waren und eine Liste von Frauenmördern, eine Liste von gottlosen Gefühlen, eine von politischen Theorien. Es war unmöglich geworden, mit Heribert ein Gespräch zu führen. Fortwährend griff er nach einem Füller aus seiner umfänglichen Sammlung und fügte ein Wort, das er oder ich hatten fallen lassen, einer seiner Listen an.

Als ich ihm eines Tages von deiner Großmutter erzählte, wie ich mit ihr beim Tanz gewesen war, was für ein Kleid sie getragen, wie entzückend sie sich bewegt habe, unterbrach er mich, kaum dass ich begonnen hatte, von ihr zu schwärmen. Ich solle es ihm nicht übel nehmen, er müsse nur rasch eine neue Liste beginnen mit den Namen aller Frauen, in die einer der Männer, die er persönlich kenne, verliebt ist oder war, eine solche Liste nämlich existiere noch nicht. Ich hatte genug. Entschieden stand ich auf von der Kiste, auf der ich gesessen hatte, empfahl Heribert, eine weitere Liste einzuheften, eine auf der sich die Namen derer untereinander reihen, die einmal seine Freunde gewesen seien, und ging. Ich habe Heribert seither nie wieder gesehen und weiß nicht, was aus ihm wurde. Vielleicht ist er inzwischen tot.

Großvater, dein Freund war nicht normal, wandte ich für gewöhnlich an dieser Stelle ein. Heribert war verrückt. Du kannst nicht jeden, der ein paar Sammeltassen im Schrank stehen hat, in einen Topf mit diesem Irren stecken. – Und ob ich das kann, widersprach Großvater mir, denn auf das Prinzip kommt es an, und in jeder Sammlung, so harmlos sie auch scheinen mag, steckt ja der Drang zur Komplettierung, der Wille zur Vollständigkeit und das Streben nach Besitznahme. Im Akt des Sammelns liegt zweifellos eine Tendenz zum Totalitarismus. Tut mir leid, mein Liebes. Du wirst auf mein Haar verzichten müssen. Vielleicht willst du stattdessen ein Stück von meinem Zehennagel. Es handelt sich ja um das gleiche Material. – Großvater! – Siehst du, Kind, eben das hab ich gemeint: Was nicht in deine Sammlung passt, ist wertlos. Das Einzelstück ist nichts, die Sammlung alles. Es bleibt dabei. Und in der Tat war es dabei geblieben. Dabei besaß ich mittlerweile neunzehn Hefte, prall gefüllt mit Haaren, nicht wenige davon gehörten einmal Leuten, die ich kaum kannte, die ich längst wieder vergessen hatte, oder denen ich nie selbst begegnet war. Von meinem eigenen Großvater jedoch besaß ich nicht ein einziges Haar.

Es war kalt in dem kleinen Nebenraum der Friedhofskapelle. Ich fror und vergrub meine Hände noch tiefer in meinen Manteltaschen. Nur über meine Leiche, hatte Großvater immer gesagt, nur über meine Leiche, und nun lag sie vor mir, seine Leiche, und in meiner Rechten fühlte ich das lederne Etui, in dem die Schere steckte. Langsam ging ich um den Sarg herum, trat an sein Kopfende, betrachtete eine Weile Großvaters Windhundgesicht und legte meine Hand ein letztes Mal auf seine Stirn, kalt wie ein Stein im Winter.

Bisweilen trifft noch ein Brief ein, in dem eine Haarsträhne liegt. Ich werfe ihn leichter Hand fort. Oder ein entfernter Verwandter erkundigt sich, ob ich Wert auf ein Stück Haar seines jüngsten Enkelkindes lege. – Nein, Danke, sage ich freundlich, ich sammle nicht mehr. – Tatsächlich? Die Sammlung ist dir so wichtig gewesen. – Sie bedeutet mir immer noch viel, antworte ich. – Ach, und weshalb führst du sie nicht fort? – Es gibt nichts fortzuführen, sage ich und denke an die prächtige weiße Locke, die auf der letzten Seite des neunzehnten Heftes klebt, sie ist auf ihre Weise komplett. So wie sie ist, ist die Sammlung vollkommen.

Thomas Kufen

Niederlagen und Erfolge der Integrationspolitik

Integration von Menschen mit einer Zuwanderungsgeschichte wird als eine große Herausforderung für unsere Gesellschaft verstanden. Unser Land verändert sich. Die Vielfalt der Kulturen, der ethnischen Abstammungen und religiösen Überzeugungen nimmt zu. In Nordrhein-Westfalen ist das nicht so neu, seit Generationen sind Menschen aus anderen Herkunftsländern hierher gekommen, um Arbeit zu finden.

In der Integrationspolitik erleben wir seit zwei, drei Jahren eine echte Wende: Endlich sprechen Politiker und Zuwanderer *mit*einander, anstatt nur *über*einander zu sprechen. Ich bin davon überzeugt: Das gemeinsame Gespräch ist der *erste Schritt* zur erfolgreichen Integration. Dafür stehen zum Beispiel die zwei Nationalen Integrationsgipfel, die auf Einladung der Bundeskanzlerin stattgefunden haben. Und in Nordrhein-Westfalen steht dafür der Integrationsbeirat, der dazu beiträgt, dass Integration in Nordrhein-Westfalen besser gelingt. Ihm gehören selbstverständlich auch Vertreterinnen und Vertreter verschiedener Migrantenselbstorganisationen an.

Dieser Dialog ist notwendig, und es ist bedauerlich, dass wir ihn nicht schon viel früher begonnen haben. Viel zu lange haben verantwortliche Politiker in Deutschland darüber hinweg gesehen, welche Interessen die Menschen mit Zuwanderungsgeschichte haben. Zuweilen wurden sie nicht einmal zur Kenntnis genommen: Menschen, die vor mehr als 50 Jahren zu uns gekommen sind und in der Mitte unserer Gesellschaft leben, die hier ihre Steuern zahlen, arbeiten, vielleicht ein Haus bauen und eine Familie gründen wollen.

Anstatt den Dialog zu suchen, haben *die einen* einfach nicht zur Kenntnis nehmen wollen, dass es eine dauerhafte Zuwanderung nach Deutschland gibt. Und *die anderen* haben so getan, als wäre Integration ein immerwährendes fröhliches Straßenfest, bei dem es keine Probleme und Herausforderungen geben kann.

Bildung ist *der* deutsche Standortfaktor. Wir sind auf gut informierte, aktive und wache Bürgerinnen und Bürger angewiesen, um den Gestaltungspessimismus zu überwinden, den man hier und da in unserer Gesellschaft deutlich spürt. Wir sind darauf angewiesen, dass Menschen mit Zuwanderungsgeschichte künftig viel stärker an „Bildung" partizipieren können, als das bisher gelungen ist. Denn schon die erheblichen Zahlen von Menschen mit Zuwanderungsgeschichte verpflichten uns dazu, Integrationspolitik noch stärker in den Mittelpunkt zu stellen. Schon heute leben rund vier Millionen Menschen mit Zuwanderungsgeschichte in Nordrhein-Westfalen. Gerade das Thema Bildung ist ein wichtiger Faktor für die erfolgreiche Integration in die Gesellschaft. Hier muss verstärkt und frühzeitig angesetzt werden.

Wir wollen die Chancen, die durch die Menschen, die zu uns gekommen sind, besser nutzen, verschließen aber auch nicht die Augen vor den Problemen. Wir sind realistisch und ehrgeizig zugleich. Wir in Nordrhein-Westfalen betreiben eine Integrationspolitik ohne Angst und ohne Träumereien.

- Die Ausländer-Erwerbslosenquote liegt laut Integrationsbericht 2008 bei 17,9%, insgesamt sind es 9,9%. Die Arbeitslosenstatistik kennt nur Deutsche und Ausländer, keine Menschen mit Zuwanderungsgeschichte: Danach lag im Juni 2008 die Arbeitslosenquote in Nordrhein-Westfalen insgesamt bei 8,4%, die der Ausländer bei 22,5%, also mehr als doppelt so hoch. In Städten wie Dortmund oder Duisburg haben bis zu einem Drittel der Arbeitslosen ausländische Wurzeln.
- Die Armutsrisikoquote der Personen mit Zuwanderungsgeschichte in Nordrhein-Westfalen liegt mit 29,6% weitaus höher als bei der Bevölkerung ohne Zuwanderungsgeschichte, die zu 10,0% von Armut bedroht ist. Das höchste Armutsrisiko besteht mit 40,4% für die türkischstämmige Bevölkerung. Der Hauptgrund dafür ist die höhere Arbeitslosigkeit. Sie haben ein Einkommen von durchschnittlich 836 Euro im Monat zur Verfügung, deutsche Personen hingegen eines von 1.296 Euro. Berechnungen der Stiftung Zentrum für Türkeistudien kommen zu ähnlichen Resultaten – deutschlandweit.
- Der Integrationsbericht 2008 kommt zu dem Ergebnis, dass 16,5% der Bevölkerung mit Zuwanderungsgeschichte über 15 Jahre in Nordrhein-Westfalen ohne Schulabschluss sind, während die Vergleichsgruppe ohne Zuwanderungsgeschichte gerade 2,1% beträgt. Ein nochmals deutlich ungünstigeres Bildungsprofil weisen türkeistämmige Menschen auf: 32,9% von ihnen haben keinen allgemeinbildenden Schulabschluss. Entsprechend klein ist der Anteil derer, die mittlere oder höhere Abschlüsse erzielen. Die Fachoberschulreife erlangen 11,9%, und die Fachhochschulreife und Hochschulreife 10,7%.

Sie sehen, es ist eine große Aufgabe, aber richtig ist auch: Kein anderes Bundesland hat mehr Erfahrungen mit Zuwanderung und kein anderes Bundesland hat mehr Erfahrungen mit Integration als Nordrhein-Westfalen. Unser Ziel heißt: Nordrhein-Westfalen soll zum Land der neuen Integrationschancen werden. Die Schlüssel zur Integration sind Bildung und Sprache, sie sind die Vorraussetzungen für die gesellschaftliche Teilhabe. Was wir aber nicht vergessen dürfen: Integration ist kein einseitiger Prozess, auch die Mehrheitsgesellschaft muss ihren Beitrag leisten.

Die Bildungschancen für die Menschen mit Zuwanderungsgeschichte zu verbessern, liegt im Interesse der Kinder und ihrer Familien. Es muss aber auch zentrales Interesse einer Gesellschaft sein, die ihre Zukunft ernst nimmt. Denn: Beste Bildungschancen brauchen wir auch deshalb, weil unsere Gesellschaft immer älter wird und schrumpft. Bildung und Integration gehören untrennbar zusammen. Deshalb ist das Thema Bildung auch ein zentrales Element des Aktionsplans Integration, den wir im Jahr 2006 beschlossen haben. Dabei setzen wir bereits bei den Kindergartenkindern auf frühe Bildung. Denn es ist allemal *wirksamer*, einen Vierjährigen im Kindergarten zu fördern, als einen 15-jährigen Schulabbrecher, der schon eine von Frustrationserlebnissen geprägte Schulbiographie hinter sich hat. Aber natürlich muss auch er gefördert werden. Als erstes Bundesland haben wir verbindliche Überprüfungen der Sprachkompetenz bei allen Vierjährigen eingeführt. Und wir haben die Zusage gegeben: Jedes Kind, dass zusätzliche Sprachförderung benötigt, wird sie auch bekommen.

Auch der Ausbau des Betreuungsangebots für die unter-3-Jährigen gehört in diesen Zusammenhang. Ebenso wie die Familienzentren, die wir flächendeckend eingeführt haben. Das alles ist im neuen Kinderbildungsgesetz enthalten, das am 1. August 2008 in Kraft getreten ist. Und das Gesetz bewirkt auch, dass wir in Nordrhein-Westfalen einen neuen Rekord aufstellen: Erstmals in seiner 60-jährigen Geschichte gibt das Land mehr als eine Milliarde Euro für die Betreuung von Kindern und die frühe Bildung aus. Mehr Geld gab es nie, um die Familien zu stärken, die Vereinbarkeit von Familie und Beruf zu erleichtern und vor allem, um allen Kindern beste Bildungschancen zu eröffnen. Und das bei rückläufigen Geburtenzahlen!

Ich weiß, dass die Umsetzung des Gesetzes in relativ kurzer Frist erfolgen muss und mancherorts auch mit Schwierigkeiten verbunden ist. Aber das Gesetz war notwendig, denn: Wir wollen Rückenwind für jedes Kind. Wir wollen Chancen auf Bildung und Teilhabe für jeden – unabhängig von seiner Herkunft oder Abstammung.

Integrationschancen durch Bildung

Das, was wir in den Kindertageseinrichtungen beginnen, setzen wir in den Schulen fort. Wir bauen das Angebot der Ganztagesbetreuung aus. Nach dem Ausbau der Ganztagsbetreuung an den Hauptschulen folgen in den nächsten Jahren die Realschulen und die Gymnasien. Und wir wollen bei den Schulen verstärkt dafür werben, dass sie bei der Ausschreibung und Auswahl von Lehrkräften Menschen mit Zuwanderungsgeschichte gezielt ansprechen und zur Bewerbung ermuntern. Lehrerinnen und Lehrer mit Zuwanderungsgeschichte können mit ihrer doppelten Kompetenz in der deutschen Sprache und in der Herkunftssprache eine ganz wichtige Mittlerfunktion einnehmen und die interkulturelle Qualifizierung fördern. Es darf nicht mehr so sein, dass der Zuwandereranteil im Klassenraum bei über 50 Prozent, im Lehrerzimmer aber bei null Prozent liegt.

Ein Schlüssel zur Verbesserung der Bildungssituation ist die frühzeitige Einbeziehung, die Information und der Austausch mit den Eltern. In meiner Rolle als Integrationsbeauftragter unterstütze ich sehr stark die Rolle von Eltern mit Zuwanderungsgeschichte. Denn der schulische Erfolg von Kindern und Jugendlichen hängt auch davon ab, ob sich die Eltern dahinter klemmen oder nicht. Es ist daher notwendig, verstärkt Eltern mit Zuwanderungsgeschichte für das Engagement in der Kindertageseinrichtung, im schulischen Bereich bis hin zur Stadtteilarbeit zu gewinnen. Dem Elternhaus kommt beim Integrationsprozess eine wichtige Rolle zu. Bei der Ansprache der Eltern ist wichtig anzuerkennen, dass auch Eltern mit Zuwanderungsgeschichte den Erfolg ihrer Kinder wollen. Aus verschiedenen Quellen wissen wir, dass zugewanderte Eltern sich eine gute schulische und berufliche Ausbildung für ihre Kinder wünschen. Ob ihre Vorstellungen dabei immer realistisch sind, ist dabei sicher zu berücksichtigen.

Eltern sind zu einer Zusammenarbeit mit Schule und Kindergarten bereit, wenn sie sich mit ihrer Erziehungskompetenz ernst genommen fühlen und respektiert werden. Ihre Ressourcen und Kompetenzen für die Erziehungs- und Bildungsarbeit müssen stärker beachtet und gefördert werden. Wenn es uns gelingt, Eltern als Partner für die Bildung und Ausbildung der Kinder zu erreichen, sie über die Erwartungen von Seiten der Kindertagesstätten und Schulen zu informieren, aber gleichzeitig auch ihre Vorstellungen einzubeziehen, können wir viel erreichen. Ich bin mir im Klaren darüber, dass dies kein einfacher Weg ist. Elternarbeit im schulischen Kontext ist nicht leicht umzusetzen. Bei Eltern mit Zuwanderungsgeschichte kommen teilweise Sprachbarrieren, andere Vorstellungen aus den Herkunftsländern, Unkenntnis über das hiesige Bildungssystem, aber auch eigene schulische Misserfolge hinzu.

Dabei hat kein Projekt den Anspruch, „den goldenen Weg" gefunden zu haben. Es geht vielmehr darum, Erfahrungen auszutauschen, aber auch über Misserfolge zu sprechen und nach geeigneten Lösungswegen zu suchen. In Nordrhein-Westfalen gibt es bereits viele erfolgreiche Beispiele für das Engagement von Eltern mit Zuwanderungsgeschichte. Die Bildungsprozesse ihrer Kinder werden durch gemeinsame Anstrengungen und Integrationsbemühungen erfolgreich unterstützt. Im „Elternnetzwerk NRW – Integration miteinander" kommen Eltern mit Zuwanderungsgeschichte zusammen und engagieren sich gemeinsam für die schulischen Belange ihrer Kinder. Das Elternnetzwerk NRW setzt also auch ein wichtiges Zeichen: Eltern mit Zuwanderungsgeschichte interessieren sich sehr wohl für den Bildungserfolg ihrer Kinder. Und sie interessieren sich nicht nur dafür, sie setzen sich aktiv dafür ein und unterstützen zusätzlich andere Eltern. Im Elternnetzwerk sind über 119 Migrantenselbstorganisationen und Elternvereine aktiv. Es wird geleitet von einem siebenköpfigen Gremium, in dem u. a. Vertreterinnen und Vertreter der Föderation der Türkischen Elternvereine NRW, des Bundes der spanischen Elternvereine oder des italienischen Vereins CO.AS.SC.IT. Köln vertreten sind.

Teilhabe am Erwerbsleben

Auch auf dem Arbeitsmarkt haben Menschen mit Zuwanderungsgeschichte deutlich schlechtere Chancen als Einheimische. Ein entscheidender Grund hierfür ist die Tatsache, dass Zuwanderer häufig geringere berufliche Qualifikationen mitbringen als Einheimische. Das ist höchst problematisch, weil Menschen mit geringen Qualifikationen auf dem Arbeitsmarkt einen schweren Stand haben. Deshalb müssen wir mehr für die Berufs- und Bildungschancen der Menschen mit Zuwanderungsgeschichte tun. Und wir müssen attraktiver werden für hoch qualifizierte Menschen, die bei uns leben und arbeiten wollen. Auch davon sind wir noch weit entfernt. Die Menschen mit Zuwanderungsgeschichte sind durchschnittlich jünger als die, wenn Sie so wollen, „angestammte" Bevölkerung.

Vielerorts ist angesichts dieser beiden Faktoren folgendes Szenario nicht unrealistisch: In einem Stadtteil leben zwei Drittel Menschen mit Zuwanderungsgeschichte und ein Drittel ohne Zuwanderungsgeschichte zusammen. Die zwei Drittel Menschen mit Zuwanderungsgeschichte setzen sich ganz überwiegend aus jungen Menschen und aus Menschen im Erwerbsalter zusammen. Das übrige Drittel besteht in seiner Mehrheit aus alteingesessenen Seniorinnen und Senioren. Dieses Szenario kann als ein Konfliktszenario gedacht werden. Es ist aber auch ein Szenario denkbar, das von einem solidarischen Miteinander geprägt ist. Wer den weitverbreiteten Respekt vor dem Alter in vielen Zuwanderungskulturen kennt, der weiß, dass dieses Szenario keine Utopie sein muss. Aber ohne entsprechende Rahmenbedingungen, ohne entsprechende politische Intervention und Unterstützung wird sich das nicht realisieren lassen. Hier kann und muss Politik einen wesentlichen Beitrag leisten, durch eine Fülle von Ansätzen, die von der Arbeitsmarktpolitik bis zum Städtebau reichen. Und dazu muss auch gehören, die Generationenpolitik und Integrationspolitik miteinander zu verbinden.

Lassen Sie mich das an einem Beispiel deutlich machen: Wir haben mit dem Bundesamt für Migration und Flüchtlinge vereinbart, dass dessen regionale Mitarbeiter in unseren Familienzentren Eltern mit Zuwanderungsgeschichte über Integrationskurse informieren und ggf. dafür werben, an diesen Kursen teilzunehmen. Bildungschancen und Teilhabe auf dem Arbeitsmarkt – das sind sozusagen die „harten Fakten" der Integration. Aber ebenso wichtig sind psychologische Faktoren. Wenn Wirtschaftspolitik zu 50 Prozent Psychologie ist, dann ist es Integrationspolitik erst recht.

Dabei sind zwei Aspekte besonders wichtig: Das *erste* ist: Wer sich für die deutsche Staatsbürgerschaft entscheidet und diese verliehen bekommt, für den sollte dieser Tag etwas Besonderes sein. Das bedeutet dann aber auch, dass die Kommunen ein würdiges, ein festliches Ereignis daraus machen müssen. Dieser Gedanke ist mir auch deshalb wichtig, weil eine würdige Einbürgerungsfeier auch die Wertschätzung für diejenigen zum Ausdruck bringen kann, die „Ja" sagen zu unserem Land. Neuere Untersuchungen zeigen zudem, dass Eingebürgerte sowohl im Bildungssystem als auch auf dem

Arbeitsmarkt erfolgreicher sind. Für mich ist das *ein Grund mehr*, für Einbürgerung zu werben. Sie ist so etwas wie ein Siegel für erfolgreiche Integration.

Einen *zweiten* Gedanken möchte ich anführen: Für viele Menschen mit Zuwanderungsgeschichte ist die Religion ein wichtiger Halt und ein prägendes Identitätsmerkmal. Viele der Menschen mit Zuwanderungsgeschichte sind Muslime. Sie bilden nach Katholiken und Protestanten die drittgrößte Glaubensgemeinschaft in Deutschland. Allein in Nordrhein-Westfalen leben rund eine Million Menschen, die sich zum muslimischen Glauben bekennen. Wer Integrationspolitik betreiben will, darf also auf dem „religiösen Auge" nicht blind sein. Auf der Ebene des Bundes bietet die Deutsche Islam-Konferenz, zu der Bundesinnenminister Schäuble eingeladen hat und in der Nordrhein-Westfalen aktiv mitarbeitet, ein wichtiges Forum für den Dialog mit dem Islam. Ich habe es als wohltuend empfunden, dass der Bundesinnenminister klar gesagt hat: „Der Islam ist Teil Deutschlands."

Die Landesregierung Nordrhein-Westfalen will gemeinsam mit den muslimischen Organisationen im Land vom bloßen Dialog zu konkreten Kooperationsvereinbarungen kommen. Es ist für uns selbstverständlich, dass nur solche Institutionen als Kooperationspartner in Frage kommen, die die Werte der Verfassung anerkennen und die zum Gelingen der Integration beitragen. Natürlich ist das kein einfacher Weg. Die Gespräche, die wir mit den islamischen Verbänden führen, sind mitunter schwierig. Unser Ziel aber ist klar: Wir wollen bis zum Ende der Legislaturperiode die Grundlagen für einen islamischen Religionsunterricht in deutscher Sprache, mit in Deutschland ausgebildeten Religionslehrern und -lehrerinnen und unter deutscher Schulaufsicht schaffen.

Wir dürfen nicht vergessen, dass die ethnische, religiöse, sprachliche und kulturelle Vielfalt in unserem Lande eine große Chance und eine wichtige Zukunftsressource ist. Aber diese Ressource wird nur dann ausgeschöpft, wenn es nicht bei einem beliebigen Nebeneinander bleibt, sondern wenn es einen kontinuierlichen Dialog zwischen den verschiedenen Gruppen gibt. Einen „Clash of Civilisations", den Samuel Huntington in den 90er Jahren prognostiziert hat, muss es nicht geben, weder hierzulande noch weltweit. Es ist eben nicht richtig, dass Unterschiede der Kulturen oder der Religionen für sich genommen zu Konflikten führen müssen. Oder dass umgekehrt das Fehlen solcher Unterschiede inneren und äußeren Frieden garantierte: Wie häufig haben in der europäischen Geschichte und der Weltgeschichte Länder und Gruppen gegeneinander Kriege geführt, die der gleichen religiösen oder kulturellen Tradition entstammen? Religiöse und ethnische Unterschiede führen also nicht zwangsläufig oder gesetzmäßig zu Gewalt. Aber solche Unterschiede können wichtige Faktoren für das Entstehen politischer Gewalt sein, wenn wir zulassen, dass sie zu Konflikten eskalieren.

Die Anerkennung der kulturellen Vielfalt bedeutet nicht multikulturelle Beliebigkeit. Unter dem Kunstbegriff „Multikulti" wurde jahrelang eine falsch verstandene Toleranz gelebt, und wenn es Konflikte gab, hat man weggeschaut. Dieses Wegschauen hat dazu geführt, dass ein nicht zu unterschätzender Teil der Einwanderer in ihren eigenen ethnischen Kolonien – teilweise ohne die deutsche Sprache gebrauchen zu müssen – lebt. Aber ein bloßes Nebeneinander bringt uns nicht weiter. Denn ohne ein Mindestmaß an Gemeinsamkeit erträgt eine Gesellschaft auch keine Vielfalt. Das Fundament unserer Gesellschaft muss die Beherrschung der deutschen Sprache und eine gemeinsame Wertebasis auf Grundlage der freiheitlich-demokratischen Grundordnung sein. Dies ist für alle verbindlich.

In den vergangenen Jahren sind viele innovative Ideen auf der kommunalen Ebene für eine bessere Integration der Menschen mit Zuwanderungsgeschichte entwickelt und umgesetzt worden. Das ist ermutigend und erfreulich zugleich.

Wir müssen uns der Realität stellen. Einwanderung ist Realität und Integration eine gemeinsame Verpflichtung. Realität ist auch, dass unsere Gesellschaft sich durch die Zuwanderer geändert hat und auch weiter ändern wird. Hiervor dürfen wir nicht die Augen verschließen. Es muss uns gelingen, das Zusammenleben zwischen Deutschen und Zuwanderern mit guten Perspektiven für alle zu gestalten. Denn: Integration wird nur dann erfolgreich sein, wenn sie zusammen mit den Zuwanderern gestaltet wird. Eine Denke „wir", die Deutschen, und auf der anderen Seite „die anderen", die Zuwanderer, ist schon lange fehl am Platz.

Autorenverzeichnis

Almut Baumgarten studierte Philosophie, Literaturwissenschaft und Soziologie in Freiburg. Sie veröffentlicht seit 2004 eigene Texte unter anderen in den Anthologien „Konzepte", „entwürfe", „macondo". 2005 wurde sie Zweite beim Schwäbischen Literaturpreis. 2006 war sie Preisträgerin der Akademiepreisfrage der Bundesakademie für kulturelle Bildung Wolfenbüttel und erhielt den ersten Preis des „die melange-Kurzgeschichten-Wettbewerbs XI". 2008 hat sie für ihr Theaterstück „Tank" 2008 den Jugendtheaterpreis Baden-Württemberg und den Else-Lasker-Schüler-Stücke-Preis Rheinland-Pfalz erhalten. Im Juni 2009 wurde ihr Schauspiel „Hilde" am Pfalztheater Kaiserslautern uraufgeführt. Almut Baumgarten lebt in Velbert-Langenberg.

Helmwart Hierdeis, Psychoanalytiker und Erziehungswissenschaftler, hatte eine Professor für Erziehungswissenschaften an den Universitäten Erlangen-Nürnberg (1974-1981) und Innsbruck (1981-2002) und war Gründungsdekan der Fakultät für Bildungswissenschaften Brixen der Freien Universität Bozen. Nach seiner Emeritierung war er bis 2008 Lehrbeauftragter für Allgemeine Pädagogik, Geschichte der Pädagogik und Didaktik der Geschichte. Er hat mehrere erziehungswissenschaftliche Bücher herausgegeben und veröffentlicht, unter anderem „Unbehagen in der Kultur" (2009), „Bildung-Beziehung-Psychoanalyse" (2007), „Taschenbuch der Pädagogik" (1998). Helmwart Hierdeis lebt und praktiziert am Ammersee.

Silvia Horsch studierte Germanistik und Arabistik und promovierte zum Thema „Figurationen des Märtyrers in frühen islamischen Schriften". Sie ist wissenschaftliche Mitarbeiterin an der Freien Universität und am Zentrum für Literatur- und Kulturforschung in Berlin. Seit mehr als zehn Jahren ist sie Muslimin und engagiert sich im interreligiösen Dialog. Sie lebt in Berlin.

Dieter Korczak ist promovierter Soziologe, seit 1997 Vorsitzender der Interdisziplinären Studiengesellschaft und seit 1985 Leiter der GP Forschungsgruppe in München, eines sozialwissenschaftlichen Forschungsinstituts. Mit seinem Institut berät er die EU, verschiedene Bundes- wie Länderministerien, Behörden, Verbände, Unternehmen und Kommunen. Außerdem ist er Verfasser zahlreicher Gutachten und Studien zu sozialwissenschaftlichen

Themen, unter anderem Verschuldung, Überschuldung, finanzielle Allgemeinbildung, Scoring, Nachhaltigkeit, Lebensqualität, ökologische Gerechtigkeit, Gesundheit, Schönheit. Dieter Korczak lebt und arbeitet in München.

Thomas Kufen ist seit 2005 Integrationsbeauftragter der Landesregierung Nordrhein-Westfalen und seit 2006 stellvertretender Vorsitzender des Vorstands der Stiftung Zentrum für Türkeistudien Essen. Er hat die Aufgabe, die Landesregierung NRW bei der weiteren Konzipierung und Umsetzung der Integrationspolitik sowie der Pflege des Dialogs zwischen den verschiedenen Gruppen zu beraten. Er lebt in Essen und arbeitet im Ministerium für Generationen, Familie, Frauen und Integration in Düsseldorf.

Thomas Laue, Theaterwissenschaftler, war von 2000-2005 Dramaturg am Schauspiel Hannover und ist seit der Spielzeit 2005/2006 Chefdramaturg am Schauspiel Essen. Mit dem Regisseur Nuran Calis hat er ein Spiel mit jugendlichen Akteuren aus acht verschiedenen Ländern inszeniert. Mit diesem Stück erkundet das Schauspiel Essen im Rahmen von Stadtinterventionen den Stadtraum und das Leben in der Stadt. Das Projekt spricht Jugendliche mit Migrationshintergrund an und will deren Kreativität und Selbstbewusstsein fördern.

Thomas Markert ist promovierter Chemiker und arbeitet seit 1985 an der Synthese von Duftstoffen. Er hat von 1985-1999 bei der Firma Henkel an der Entwicklung neuer Parfumbausteine gearbeitet und beschäftigt sich nach seinem Wechsel zur Firma Cognis mit der Entwicklung neuer Kosmetikwirkstoffe.

Mechthild Neises ist Fachärztin für psychosomatische Medizin und Psychotherapie, Professorin und Leiterin des Funktionsbereichs Psychosomatische Frauenheilkunde der Medizinischen Hochschule Hannover. Sie ist unter anderem auch Mit-Herausgeberin des Bandes: „Gender, kulturelle Identität und Psychotherapie" (2007).

Herwig Steiner, Bildender Künstler/ Historiker, studierte Geschichte, Architektur und Bildhauerei, lebt in Wien, seit 1986 zahlreiche Projekte und Ausstellungen u. a. Grand Palais, Paris; Museum moderner Kunst, Wien; Sala

Parpallo, Valencia; Convention Center, Los Angeles; Academy of Fine Arts, Calcutta.

Jan Tonnemacher hat von 1991 bis 2005 an der Katholischen Universität Eichstätt den Lehrstuhl für Journalistik besetzt und seitdem eine Vertretungsprofessur für Kommunikationspolitik und Medienökonomie an der FU Berlin. Zuvor leitete er unter anderem die Abteilung Planung und Zentrale Aufgaben beim Sender Freies Berlin und das Presse- und Informationsreferat der TU Berlin. 2003 ist von ihm das Buch „Kommunikationspolitik in Deutschland" erschienen. Er lebt jetzt am Starnberger See.

Hartwig Weber wurde 1977 zum Professor an der Pädagogischen Hochschule in Heidelberg berufen, an der er auch jetzt noch lehrt. Er ist Initiator des Straßenkinderprojekts Patio13 und des landesweit einmaligen Masterstudiengangs Straßenkinderpädagogik an den Pädagogischen Hochschulen und Universitäten in Heidelberg und Freiburg, baut Brücken zwischen Schule, Hochschule und Straße und entwickelt zusammen mit Schülern, Studenten, Lehrern und Professoren aus Deutschland und Kolumbien nachhaltige Bildungsangebote für Straßenbewohner. Bücher über diese Arbeit sind „Narben auf meiner Haut" (2003) und „Das blutende Herz. Religion der Straße" (2006).

Die Interdisziplinäre Studiengesellschaft e.V. (ISG)

Die Geschichte der Gesellschaft
Die Interdisziplinäre Studiengesellschaft (ISG) wurde *1947* als *wissenschaftliche Gesellschaft* (damals für Praktische Psychologie) gegründet. Zu den Gründungsmitgliedern gehörten u.a. Pastor Bodelschwingh und Pater Marquardt, der Philosoph Romano Guardini, die Psychologen Wilhelm Hische und Wolfgang Metzger und der Psychiater Gustav Störring. Gustav Störring war von 1947-1961 der erste Vorsitzende der Gesellschaft. Ihm folgten der Gynäkologe Kurt Nordmeyer (1962-65), der Gerichtsmediziner Wilhelm Hallermann (1966-73) und der Nervenarzt Harald Petri (1974-97). Seit 1997 ist der Soziologe Dieter Korczak als Vorsitzender im Amt.

Die Ziele der ISG
Die ISG ist dem *übergreifenden Wissenstransfer* verpflichtet. Sie dient dem *Austausch* zwischen den wissenschaftlichen Disziplinen und als Transmissionsriemen zwischen der akademischen Welt und der praktischen Lebenswelt. Wissenschaft soll durch die Arbeit der ISG verständlich, anwendungsbezogen, lösungsorientiert und übergreifend werden und dabei den Menschen als Ganzes im Blick haben. Das Engagement für Toleranz, Pluralität und Humanität soll gestärkt und die öffentliche Meinungsbildung angeregt werden.

Die Mitglieder der ISG
Seit der Gründung der Gesellschaft gehört *Interdisziplinarität* zu ihrem Programm sowohl unter den Mitgliedern wie im wissenschaftlichen Beirat. So setzt sich laut Satzung (§6) der wissenschaftliche Beirat aus Vertretern der Fachgebiete *Psychologie, Soziologie, Medizin, Psychotherapie, Pädagogik, Philosophie, Theologie, Natur-, Wirtschafts- und Ingenieurwissenschaften, Recht, Technik* und *Kunst* zusammen.

Die ISG hat 65 Tagungen veranstaltet und 30 Bände der Interdisziplinären Schriftenreihe (zuvor: für Praktische Psychologie) herausgegeben.

Mitglied kann jeder werden, für den die oben beschriebenen Ziele zu den wesentlichen Kriterien einer lebenswerten Gesellschaft gehören. Der Aufnahmeantrag bedarf der Zustimmung des Vorstandes.

Nähere Informationen unter www.studiengesellschaft.de

Interdisziplinäre Schriftenreihe

Band XXXI: **„Das Fremde, das Eigene und die Toleranz"**. Herausgegeben von Dieter Korczak, Asanger Verlag, Kröning 2009, ISBN 978-3-89334-541-0;

Band XXX: **„Die Macht der Träume. Antworten aus Philosophie, Psychoanalyse, Kultursoziologie und Medizin"**. Herausgegeben von Dieter Korczak, Asanger Verlag, Kröning 2008, ISBN 3-89334-530-4;

Band IXXX: **„Zukunftspotentiale der Nanotechnologien. Erwartungen, Anwendungen, Auswirkungen"**. Herausgegeben von Dieter Korczak und Anton Lerf, Asanger Verlag, Kröning 2007, ISBN 3-89334-480-2;

Band XXVIII: **„Geld und andere Leidenschaften. Macht, Eitelkeit und Glück"**. Herausgegeben von Dieter Korczak, Asanger Verlag, Kröning 2005, ISBN 3-89334-456-X;

Band XXVII: **„Wieviel Manipulation verträgt der Mensch? Freiheitsräume des Individuums in der postmodernen Zeit"**. Herausgegeben von Dieter Korczak, Asanger Verlag, Kröning 2005, ISBN 3-89334-452-7;

Band XXVI: **„Bildungs- und Erziehungskatastrophe? Was unsere Kinder lernen sollten"**. Herausgegeben von Dieter Korczak, Westdeutscher Verlag, Wiesbaden 2003, ISBN 3-531-14029-9;

Band XXV: **„Rummel, Ritus, Religion"**. Herausgegeben von Dieter Korczak und Hartmut Rosenau, Neukirchener Verlag, Neukirchen-Vluyn 2003; ISBN 3-7887-1989-3;

Band XXIV: **„Das schöne, neue Leben"**. Herausgegeben von Dieter Korczak, ISL-Verlag, Hagen 2001, ISBN 3-933842-55-7;

Band XXIII: **„Gehirn – Geist – Gefühl"**. Herausgegeben von Dieter Korczak und Joachim Hecker, ISL-Verlag, Hagen 2000, ISBN 3-933842-42-5;

Band XXII: **„Tradition erhalten – Fortschritt gestalten"**. Herausgegeben von Dieter Korczak unter Mitarbeit von Joachim Hecker, ISL-Verlag, Hagen 1999, ISBN 3-933842-31-X;

Band XXI: **„Sozialhygiene – Rückblick und Ausblick. Im Spannungsfeld der Motivationen 1947-1997"**. Herausgegeben von Harald Petri, ISL-Verlag, Hagen 1998, ISBN 3-933842-00-X;

Band XX: **„Zeit – Zeitgeist – Geist"**. Herausgegeben von Harald Petri, Universitätsverlag Dr. Norbert Brockmeyer, Bochum 1997, ISBN 3-8196-0536-3;

Band IXX: **„... rund um die Arbeit ..."**. Herausgegeben von Harald Petri, Universitätsverlag Dr. Norbert Brockmeyer, Bochum 1996, ISBN 3-8196-0469-3;

Band IIXX: **„Menschen – Tiere – Pflanzen. Werden Tiere und Pflanzen als Mitgeschöpfe beachtet?"**. Herausgegeben von Harald Petri und Hubert Liening, Universitätsverlag Dr. Norbert Brockmeyer, Bochum 1995, ISBN 3-8196-0380-8;

Band XVII: **„Wer oder was ist der Mensch? Die Wissenschaften und das Menschenbild"**. Herausgegeben von Harald Petri, Universitätsverlag Dr. Norbert Brockmeyer, Bochum 1994, ISBN 3-8196-0295-X;

Band XVI: **„Leben im Wertewandel unserer Zeit"**. Herausgegeben von Harald Petri, Universitätsverlag Dr. Norbert Brockmeyer, Bochum 1993, ISBN 3-8196-0172-4;

Band XV: **„Wissen – Glauben – Aberglauben"**. Herausgegeben von Harald Petri, Universitätsverlag Dr. Norbert Brockmeyer, Bochum 1992, ISBN 3-8196-0061-2;

Band XIV: **„Wo bleibe ich? Der Verlust des Subjekts in den großen Gesellschaftssystemen unserer Zeit"**. Herausgegeben von Harald Petri, Universitätsverlag Dr. Norbert Brockmeyer, Bochum 1991, ISBN 3-88339-965-5;

Band XIII: **„Wahrnehmung und Wirklichkeit"**. Herausgegeben von Harald Petri, Universitätsverlag Dr. Norbert Brockmeyer, Bochum 1990, ISBN 3-88339-829-2;

Band XII: **„Die Würde des Menschen ist unantastbar"**. Herausgegeben von Harald Petri und Walter Simm, Universitätsverlag Dr. Norbert Brockmeyer, Bochum 1988, ISBN 3-88339-683-4;

Band XI: **„Die Selbstherausforderung des Menschen durch seine Technik"**. Herausgegeben von Harald Petri und Eberhard Amelug, Universitätsverlag Dr. Norbert Brockmeyer, Bochum 1987, ISBN 3-88339-612-5;

Band X: **„Sprache – Sprachverfall – Sprache im Wandel. Was wird aus unserer Sprache?"** Herausgegeben von Harald Petri, Universitätsverlag Dr. Norbert Brockmeyer, Bochum 1986, ISBN 3-88339-539-0;

Band IX: **„Geht uns die Zeit verloren? Beiträge zum Zeitbewusstsein"**. Herausgegeben von Harald Petri, Universitätsverlag Dr. Norbert Brockmeyer, Bochum 1985 (vergriffen);

Band VIII: **„Die seelischen Nöte unserer Zeit"**. Herausgegeben von Harald Petri und Andreas Wünschmann, Universitätsverlag Dr. Norbert Brockmeyer, Bochum 1984, ISBN 3-88339-389-4;

Band VII: **„Soziale Verwurzelung im gesellschaftlichen Strukturwandel zwischen gestern und morgen"**. Herausgegeben von Harald Petri, Universitätsverlag Dr. Norbert Brockmeyer, Bochum 1983, ISBN 3-88339-337-1;

Band VI: **„Hat die Familie Zukunft?"** Herausgegeben von Harald Petri und Irmgard Zepf, Universitätsverlag Dr. Norbert Brockmeyer, Bochum 1982, ISBN 3-88339-263-4;

Band V: **„Erziehung. Inhalte – Wege – Stile – Ziel"**. Herausgegeben von Harald Petri und Hubert Liening, Universitätsverlag Dr. Norbert Brockmeyer, Bochum 1981; ISBN 3-88339-199-9;

Band IV: **„Wissenschaft. Notwendigkeit und Gefahr, Bedrohung und Hoffnung"**. Herausgegeben von Harald Petri und Libor Schelhasse, Universitätsverlag Dr. Norbert Brockmeyer, Bochum 1980, ISBN 3-88339-132-8;

Band III: **„Randgruppen/Einsamkeit"**. Herausgegeben von Harald Petri und Erich Kühn, Universitätsverlag Dr. Norbert Brockmeyer, Bochum 1979; ISBN 3-88339-086-0;

Band II: **„Der „festgestellte" Mensch und seine Zukunft"**. Herausgegeben von Harald Petri und Manfred Blank, Universitätsverlag Dr. Norbert Brockmeyer, Bochum 1978, ISBN 3-88339-027-5;

Band I: **„Kriminalität heute – Ursachen und Bekämpfung"**. Herausgegeben von Harald Petri und Hans-Dieter Schwind, Universitätsverlag Dr. Norbert Brockmeyer, Bochum 1977, ISBN 3-921543-85-1.